中公新書 2816

小笠原正道著

西郷従道

――維新革命を追求した最強の「弟」

中央公論新社刊

まえがき――「大西郷」と「小西郷」

「大西郷」の栄枯盛衰

西郷従道（一八四三～一九〇二）は、西郷隆盛の実弟である。兄・隆盛を「大西郷」、弟・従道を「小西郷」と呼ぶことがあるが、父を幼くして亡くした従道にとって、一五歳離れた長兄である隆盛は、文字通り「大」きく、父代わりの存在だった。

もっとも、幕末から明治期にかけての歴史上、隆盛と従道のいずれが「大」きく、また、いずれが「小」さかったかについては、慎重に吟味しなければならない。隆盛は幕末期、薩摩藩から繰り返し流罪などの処分を受けながらも、尊王攘夷《そんのうじょうい》派の指導者として再生し、同藩が倒幕、そして新政府設立の中心的役割を果たすうえで、欠かせない活躍を見せた。その意味で、隆盛が維新の英雄であり、偉大であったことは論を俟《ま》たない。

だが、隆盛が薩摩藩を率いて倒幕の主役とならしめたことは、皮肉にも、明治以降の彼にとって大きな足枷《あしかせ》となってしまう。徳川幕府を打倒した先に、廃藩置県を断行し、全国の諸藩とともに薩摩藩をも抹消してしまったことで、かつて仕《つか》えた同藩の国父・島津久光から不興《ふきょう》を買い、その不満や罵倒《ばとう》を一身に浴びることとなる。

隆盛が指導層を構成した明治政府は、士族に支給されていた家禄《かろく》を廃止し、徴兵令の導入によって士族の任務であった軍役も取り上げてしまい、倒幕の先に、新しい世の構築を夢見ていた鹿児島県士族たちは、収入も職も、さらには、政治に関わる道さえも、閉ざされてしまう。

隆盛はそうした士族たちの面倒も見なければならず、その明治以降の短い政治人生のほとんどは、新国家建設という華やかな路線や政策には費やされず、いわば、前時代の負債の清算に、投じられてしまった。

「小西郷」の栄達

幕末期に兄や大久保利通のもとで尊王攘夷の志士として活動し、戊辰《ぼしん》戦争では大けがを負いながら活躍を見せた従道は、その勢いに乗って、薩摩藩を代表する若手官僚・政治家として新政府に登用され、隆盛の苦悩と破滅への道と反比例するように、成功と栄達を遂げていく。隆盛はキャリアの初期こそ、従道の出世を後押しし、従道と妻・清子の縁談を仲立ちするなど、私生活をサポートしたものの、西南戦争で没して以降は、「賊軍《ぞくぐん》の将」として、むしろ従道には重荷であり、負債となってしまった。

それを背負いながら、自らの意志と才を頼りに、従道は主に軍事畑でキャリアを積み、かつて兄が務めた参議として政府の執行部入りを果たし、文部卿、陸軍卿、農商務卿、海軍大臣などの顕職《けんしょく》を歴任して、長きにわたり薩摩閥の政治的・軍事的リーダーとして、また元老の一人として、明治政府の中枢を担い、国家建設に寄与した。

西郷従道（1843〜1902）

従道は陸軍卿代理から海軍大臣へ、さらには海軍大臣兼臨時陸軍大臣と、陸軍と海軍を股にかけた異色の経歴を経ているが、特に海軍大臣は八つの内閣で合計約一〇年間（一八八五年一二月〜九〇年五月／一八九三年三月〜九八年一一月）務め上げる。若き日の山本権兵衛《ごんべえ》や斎藤実《まこと》を見出して海軍省軍務局長や侍従武官といった要職に抜擢し、海軍の官制・人事改革などに従事させて、彼らを後任の海軍大臣、さらには首相を担う人材として育てた。

明治期に限って言うなら、地元・鹿児島に足を引っ張られ続けた隆盛に比して、東京で勇躍する従道の姿は、実に対照的であったと言っていい。冒頭で両者の大小の是非について言及したのは、このためである。

西郷隆盛

ほかの「維新の三傑《さんけつ》」や明治の元老のうち、木戸孝允《たかよし》、大久保利通、伊藤博文、山県有朋《ありとも》には兄弟がおらず、井上馨《かおる》、大山巌《いわお》、黒田清隆、松方正義《まさよし》、西園寺《さいおんじ》公望《きんもち》には兄や弟がいるが、政治家・軍人・財界人として大成したといえるのは、西園寺の実兄・徳大寺《とくだいじ》実則《さねつね》（宮内卿、内大臣）と、実弟で住友財閥を継いだ住友友純《ともいと》に過ぎない。西園寺の実家・徳大寺家は藤原北家《ほっけ》の流れをくむ公家であり、兄弟も家柄が重んじられての宮中要職への就任や財閥家との養子縁組であったことを考えると、従道の才がいかに際立っていたかがわかる。

偉大な兄と政府の狭間で

華やかなキャリアを歩んだ従道ではあったが、その道程にはつねに、偉大な兄の影が寄り添い続けた。隆盛が薩摩藩と明治政府との間で板挟みの苦悩を味わったのに対し、従道はその隆盛と明治政府の間で、葛藤《かっとう》することとなったのである。

一八七三年（明治六）、その葛藤がにわかに表面化する。征韓論をめぐる政変に敗れた隆盛が同年一〇月に政府を去り、これに同調した鹿児島出身の多くの近衛《このえ》将兵、官吏などが職を辞した。当時陸軍大輔《たいふ》（のちの陸軍次官）であった従道は明治天皇の命で、彼らの説得にあたり、辞職を思いとどまるよう求めたが、その願いは届かなかった。

同年一二月一五日、同郷の友人で、当時台湾の視察に赴いていた樺山資紀《かばやますけのり》に宛てた書簡で従道は、隆盛が政変で職を辞し、板垣退助や副島種臣《そえじまたねおみ》、江藤新平、後藤象二郎《しょうじろう》といった参議がこれに同調したと記したうえで、近衛将兵が動揺し、鹿児島と高知出身の士官が辞表を提出したため、天皇に命じられて説得を試みたものの失敗に終わった、と伝えている（「樺山資紀関係文書」）。

従道自身、自らの身の処し方にはかなり迷ったに違いないが、あくまで明治政府側に身を置くことを決め、その態度を維持する。

約三年後の一八七七年二月、鹿児島に帰郷していた隆盛が鹿児島県士族を率いて蹶起《けっき》し、西南戦争がはじまった。このとき、討伐の前線指揮に赴いた陸軍卿・山県有朋に代わって、従道は陸軍省を預かる陸軍卿代理として、主に政府軍の編成や兵站《へいたん》、情報収集活動に従事した。

蹶起から二ヵ月近くが経ち、戦況が膠着《こうちゃく》しつつあった四月八日、当時山形県令を務めていた同郷の三島通庸《みしまみちつね》に宛てた書簡で従道は、政府軍が不利という情報は間違っており、近いうちに「官軍」が敵を平定する目処《めど》が立っていると述べ、いま巡査を募集しているのは東京の予備兵に充《あ》てるためだと強調し、戦況を不安視する三島に心配はいらないと答えている（「三島通庸関係文書」）。

兄の反乱という未曽有《みぞう》の事態に対し、努めて冷静に状況を見通し、忠実に職務にあたっている姿がうかがえる。

「情」の人

しかし従道は、兄・隆盛に似て、情の人であった。一九〇〇年七月、中国で勃発した北清《ほくしん》事変の際に、北京の日本公使館に書記官として勤務していた楢原陳政《ならはらのぶまさ》が、負傷して死去した。楢原の妻は従道の三女・政子であり、楢原は女婿《じょせい》にあたる。

楢原死去の報を受けた従道は、清国駐在公使の西徳二郎《にしとくじろう》に宛てた八月三一日付の書簡で、楢原の「終焉《しゅうえん》」について、驚きつつも、公務のために「斃死《へいし》」したとして、やむをえないと述べている。しかし、政子はまだ人生の経験が浅く、戦場で砲弾に包まれたうえ、「天地頼みし夫に永訣《えいけつ》」することとなったため、精神が錯乱して取り乱しかねないとして、従道は心が痛むと吐露した（「西徳二郎関係文書」）。

情に厚かった従道が、誰よりも敬愛していた兄・隆盛との離別に際し、冷静で沈着であったとは、到底思えない。実際、妻の清子によると、西南戦争勃発の報に接した従道は、沈痛な様子で「兄さんの本心ではないので残念だ」と語り、隆盛死去の報に接して「役所から帰られた夕刻は、家の中に入らず庭に佇《たたず》んで長い間天を仰ぎ見ておられた」という（『元帥西郷従道伝』）。

従道は駐日英国公使のハリー・S・パークスに、反乱の首謀者は別府晋介《べっぷしんすけ》と淵辺群平《ふちべぐんぺい》、辺見十郎太《へんみじゅうろうた》であり、隆盛は彼らに騙《だま》されたと語っているが、従道自身、自らにそう言い聞かせて、気持ちを落ち着かせていたのかもしれない（『西南戦争　遠い崖―アーネスト・サトウ日記抄』第一三巻）。

しかし彼は、辞職や反乱といった兄の行動に同調することはなく、一貫して明治政府の側に身を置き続けた。そうまでして、従道が守りたかったものとは、果たして何か。筆者は、その問いに答えていくことが、「小西郷」をして、明治国家の元老たらしめた要因と過程を読み解いていく営みにほかならないと考えている。

守りたかったもの

従道が守りたかったもの。その一端を、冒頭に示しておこう。

従道の腹心だった山本権兵衛が、一八八七年、海軍大臣の従道に、征韓論政変の際に隆盛と進退をともにしなかったのはなぜか、尋ねている。従道はそれに答えて、自分は欧州に留学し、現地で日夜、いかにして「政治、教育及軍事其他《そのた》百般《ひゃっぱん》の事」を整備し、「維新大業の基礎」を確立すべきか悩み、帰国後に、岩倉具視が征韓論に反対してまず内政の改革と財政の整理をすべきだと主張したことに賛同したからだと述べたという。

朝鮮に派遣される使節となり、自ら殺されることで戦争のきっかけを作りたいという隆盛の主張を「阻止」することは、「国家のため適当の策なり」と従道は信じた。そして、政府を去ることで近衛部隊が動揺するのは隆盛の本意でないと悟り、先述のような説得工作にあたった。

自分も政府を去ってしまっては、明治天皇に対する忠誠を欠く恐れがあると痛感し、踏みとどまったが、政府に残ることは隆盛も了解済みであった、と従道は証言している（『伯爵山本権兵衛伝』下）。

隆盛が動乱のなかで先導した「維新大業の基礎」を、いかに固め、「国家」の発展に貢献し、天皇への「忠誠」を尽くしていくのか。葛藤の末に兄と微妙な距離を保ちつつ、自らの進路を定めていった従道の姿が見てとれよう。

では、従道は、どのようにして「政治、教育及軍事其他百般の事」に関わり、「維新大業の基礎」を確立しようと努力していったのか。

本書は、従道の幼少期からの成長過程を、兄・隆盛との関係を中心に描写したうえで、明治期以降の彼のキャリア形成と国家建設への関与の内実や過程について、従道が書き残した書簡、彼に宛てられた書簡、周辺人物の証言、政府や軍の公文書などの資料を頼りに、分析を試みる。

まずは時代を、徳川幕府の終焉から二四年前、一八四三年（天保一四）まで、巻き戻さねばならない。従道はこの年五月四日、西郷吉兵衛《きちべえ》・まさの三男として、鹿児島に生まれる。

目次

西郷従道

凡例

- 一八七二年（明治五）の太陽暦採用以前の月日は原則として旧暦にした。
- 年表記は西暦を基本とし、和暦を適宜補った。
- 引用文は原則として旧漢字は新漢字に、カタカナはひらがなに、旧かなは新かなに改めた。ただし、歌などは旧かなのままにしている。また句読点は適宜補った。
- 引用文中の〔　〕は引用者による補足である。
- ルビは引用を含め適宜振った。
- 引用にあたっては現在では不適切な表現もそのままにしている。あくまで史料としての正確性を期すためで他意はない。
- 敬称は略した。

第1章

幼少期から陸軍官僚への道程

1　茶坊主から志士へ——貧窮のなかで

「従道」の誕生

一八四三年（天保一四）五月四日、薩摩藩士で藩の勘定方小頭《かんじょうがたこがしら》を務めていた父・西郷吉兵衛と母・まさの三男として、鹿児島城下の下加治屋町《したかじやまち》に、西郷従道は生まれた。長男は隆盛、次男は吉次郎、お琴、お高、お安という三人の姉がおり、この後、弟として小兵衛《こへえ》が誕生する。下加治屋町は多くの薩摩閥政治家・軍人を生んだことで知られ、大久保利通や大山巌、東郷平八郎、村田新八《しんぱち》、篠原国幹《くにもと》などが生まれ育った。

従道の幼名は竜助、本名を隆興といい、すぐに出家して竜庵となったが、一八六一年（文久元）に還俗して信吾（慎吾とも呼ばれる）と名乗った。西郷家に伝わるところでは、一八七一年（明治四）に太政官に名前を届け出る際、薩摩訛《なま》りで「隆興」（りゅうこう）と言ったところ、「じゅうどう」と聞き間違えられて「従道」と当て字を付けられたという。

公文書では「つぐみち」と読むが、自分では「じゅうどう」と名乗っており、子どもたちも、「従理《じゅうり》」、「従徳《じゅうとく》」、「従義《じゅうぎ》」、「従志《じゅうし》」、「従親《じゅうしん》」と名付けている。

茶坊主時代

両親は、信吾が九歳のときに相次いで没したため、隆盛が父代わりとなった。信吾は薩摩藩独自の教育制度「郷中教育《ごじゅう》」を受けて育ち、一三歳で藩主・島津斉彬《なりあきら》の茶坊主になる。「郷中教育」とは、数十戸の区域の子どもたちを対象として勉学、武道を修めさせる、一種の自治教育制度である。年齢によって稚子《ちし》組、二歳《にせ》組に分けられてそれぞれ「頭」が置かれ、毎朝、二歳頭の隆盛の家に集まって『大学』『論語』『中庸《ちゅうよう》』『孟《もう》子《し》』から、書道、珠算、馬追《うまおい》、登山、水泳、相撲、剣術、槍術《そうじゅつ》、弓道《きゅうどう》、薙刀《なぎなた》までを習った。

四書五経を教えたのは伊地知正治《いじちまさはる》で、信吾の出来は悪く、伊地知は叱責《しっせき》したものの、読書は駄目だが、必ず「名」をなす見込みがある、と語ったと伝えられている（『西郷従道』）。伊地知は幕末の政局で活躍し、維新後も左院議長、宮中顧問官などを歴任する。

家庭は貧乏で、それを見かねた有村俊斎《ありむらしゅんさい》が茶坊主に推薦してくれ、藩主のもとで茶を点《た》て、生け花を供えつつ、薙刀や剣術を学んだ。竜庵として出家したのはこのためである。信吾は特に薙刀が得意で、後年になっても周囲にその型を実演して見せた。有村も茶坊主で、のちに海江田信義《かいえだのぶよし》と改名し、元老院議官や枢密顧問官などを務めるが、ほかにも、鹿児島県令となる大山綱良《つなよし》などが茶坊主を経験している。

西郷家と同じく武士としては最下級の「御小姓与《おこしょうぐみ》」の身分だった調所笑左衛門《ずしょしょうざえもん》（広郷《ひろさと》）も、祖父や父と同じく茶坊主を務めている。彼も家が貧しく、茶坊主となって落髪《らくはつ》しなければ食べていけなかったためだ。家老として藩政改革の重責を担うようになっても、「茶坊主上がりの卑賤者《いやしきもの》」といった譏《そし》りを受けたようである。

信吾はその後も茶道を愛しており、周囲から調所のような視線を浴びることはなかったようだが、茶坊主としての仕事は楽ではなかった。丹後田辺藩の茶坊主だった伊藤雋吉《しゅんきち》が海軍中将時代、上司である従道とともに茶会を開いたが、伊藤が茶器に凝って名器を収集したのに対し、従道の茶器は白一色で、それは茶坊主時代に茶器を壊すと厳罰に処せられたため、壊れてもいつでも作り直せるように絵を入れない白を好んだからだと言われている。

実際、茶坊主時代は同僚と狭隘《きょうあい》な家に同居していたため、信吾は隆盛が訪れた際には寝転んで雑談するわけにもいかず、隆盛が上京して不在の間にきわめて質素な「離れ家」を建てて転居している。だが、帰郷した隆盛がこれを知って激怒し、離れ家など贅《ぜい》沢《たく》で、家など雨が漏れなければそれでよい、と叱ったという。

実家も貧窮《ひんきゅう》を極め、特に隆盛の流罪中は「赤貧殆《せきひんほとん》ど洗うが如く」で、兄弟姉妹が六畳一間で薄い粥《かゆ》をすする生活を余儀なくされたが、近所の子どもが遊びに来ると、信吾は惜しげもなく粥を与え、一緒に喜んでいた（『西郷従道』）。

隆盛が兄として「父」として、西郷家の清貧な家風を創り、信吾もそれに従っていたことがうかがえよう。

お由羅騒動の余波

兄の隆盛を見出して、自らも幕末の政局で重要な役割を果たし、信吾が仕えた島津斉彬は、一八五八年（安政五）七月に没した。すでに隆盛は尊王攘夷運動に従事し、斉彬が関わった将軍継嗣《けいし》問題（将軍・家定の後継者を一橋慶喜《よしのぶ》とするか徳川慶福《よしとみ》とするかを争った問題。斉彬は慶喜を推した）に奔走《ほんそう》していたが、そうした過程で二度の島流しに遭うことになる。

斉彬が家督を継承する際、お由羅《ゆら》騒動と呼ばれる家督相続問題が起こり、斉彬を立てる革新派の勤王党と、弟の久光を立てる守旧派・佐幕党とが対立した。斉彬が没した後もその余波が残っており、隆盛は革新派だったが、信吾は守旧派に傾斜したため、隆盛の不在中に家を守っていた次兄の吉次郎が警戒し、信吾はしばらく従兄弟《いとこ》の大山弥助《やすけ》（のちの巌）の家に寝泊まりしている。

斉彬の死後、幕府が朝廷を軽視し、藩主・忠義が斉彬の遺志を無視していると憤慨した薩摩藩士が、大老・井伊直弼《いいなおすけ》などを暗殺しようと計画し、精忠組《せいちゅうぐみ》を結成した。隆盛や信吾、大久保正助（のちの利通）、吉次郎、大山巌などが参加したが、藩主・忠義が計画を察知して諭《さと》し、思いとどまらせたと言われている。忠義の父で薩摩藩の実権を握る久光は、彼らを利用すべく、大久保を御小納戸《おこなんど》に抜擢し、公武合体運動を推進していった。

薩英戦争

一八六〇年三月、桜田門外の変で井伊が暗殺されると、隆盛が不在だったこともあり、信吾は専《もっぱ》ら大久保に師事した。

薩摩藩内では、有馬新七などを中心に公武合体を批判し、安藤信正政権を倒して、安政の大獄で謹慎となった大名や公卿を復権させ、幕府に大改革を迫る挙兵の動きが活性化する。信吾もこれに加わり、一八六二年（文久二）四月二三日に同志が伏見の寺田屋に集結した。久光はこれを鎮圧すべく使者を派遣し、有馬などは殺害されたが、信吾は年少のため帰藩謹慎を命じられた。寺田屋事件である。

同年、久光の行列をイギリス人が妨害したとして斬り殺され、イギリスがその報復として一八六三年に鹿児島湾に艦隊を派遣して薩英戦争が勃発、謹慎を解かれた信吾もこれに参戦する。イギリスの艦艇への斬り込みを試みたが、作戦が杜撰《ずさん》で途中で中止になっている。

出陣前日には藩主の前で一同が酒杯をあげ、信吾が同志の鈴木武五郎に「あなたも明日は死ぬるお積《つも》りですか」と問い、鈴木はもちろんだと答えると、「わたしがあなたなら死にたくないなー……あんな奇麗な奥さんを持ちながら惜しくはありませんか」と語ったという。一堂は抱腹絶倒し、士気が高まった（『西郷従道』）。

その後、信吾は久光に従って上京し、京で漢学を修め、第一次長州征伐に従軍し、帰京すると全国の志士と交わって「勤王の大義」を唱道したという（同前）。沖永良部《おきのえらぶ》島に流されていた隆盛が赦免《しゃめん》されると、同島に赴いて兄を出迎えている。以後、信吾は隆盛に従って尊王攘夷運動に従事し、禁門の変では足を負傷する。一八六六年（慶応二）

一月、坂本龍馬と中岡慎太郎の仲介で薩長同盟が結ばれるが、翌年一二月に坂本と中岡が暗殺され、新選組による志士への圧迫が強化されたため、隆盛を大山巌が、大久保を信吾が、ピストルを隠し持って護衛した。

戊辰戦争——次兄の戦死

一八六七年一〇月に大政奉還となり、三条実美《さねとみ》など勤王派の公卿が復権、信吾は大山巌などとともに筑前に赴き、現地に流されていた三条などを迎えた。翌年一月、鳥羽伏見の戦いが勃発すると、信吾は桐野利秋《きりのとしあき》などと斥候《せっこう》を務め、旧幕府軍側の斥候と遭遇して右耳下に貫通銃創を負って一時危篤となるが、かろうじて一命を取り留めた。ただ、後年まで右耳は遠かったという。

その後の戊辰戦争でも、信吾は隆盛を支える役割を果たし、上野彰義《しょうぎ》隊の戦争でも銃撃戦に参加、北越戦争に際しては、新政府軍不利の情報を受けて鹿児島に帰り募兵し、兵団を組織して援軍に赴いた。この北越の地で、次兄・吉次郎が戦死している。

一八六九年（明治二）六月、信吾は論功行賞で三〇〇石の賞典禄《しょうてんろく》を得た。隆盛のそれは二〇〇〇石、大久保と木戸孝允が一八〇〇石である。従道死去後すぐにその伝記を著した安田直は、維新に際して信吾が東奔西走して尽力したものの、隆盛の「名」が天下に響いたのに対し、信吾は吉次郎、小兵衛とともに、その「名」が世間に聞こえてはいなかったと評している（『西郷従道』）。賞典禄の額からしても、維新当時の信吾の評価は、決して高いものではなかった。

2　欧州視察、陸軍官僚へ——新知識への期待

山県有朋と欧州へ

一八六九年（明治二）三月六日、信吾は長州の山県有朋とともに、太政官からヨーロッパ情勢、特に軍事情勢を視察するため、英国ロンドンに留学するよう内命を受けた。その後、朝命を受けた藩主・島津忠義が信吾にプロシアとフランスの「地理」を視察するよう命じ、長州藩主の毛利敬親《たかちか》も山県に同様の命令を与えて、二人は六月に長崎を発った。

山県は主にプロシアに、信吾は主にフランスに滞在して、軍事を中心に視察し、イギリスで合流、アメリカを経由して翌年七月に帰国している。

山県有朋

戊辰戦争下で、山県が隆盛に欧州視察の希望を述べたのが洋行の発端だったが、山県自身、幕末の奇兵隊軍監時代に、高杉晋作の英国行きが失敗した際、これに代わって志を継ごうと考えており、隆盛とともに長州閥の領袖・木戸孝允にも洋行の斡旋を依頼していた。

一八六九年四月一一日に木戸に宛てた礼状で山県は、「洋行」が実現したことを「驚き且《かつ》喜び」、壮士の不満が高揚するなか、ただ「孤剣《こけん》」を抱いて外遊するほかないとの心情をつづっていた(『公爵山県有朋伝』中巻)。信吾の洋行についても、木戸が主導したのだろう。

帰路には普仏戦争が勃発し、山県と信吾は、プロシアとフランスのいずれが勝つか、アメリカ大陸横断鉄道の車上で、大いに議論している。フランスに滞在し、その文化を目撃してきた信吾がフランスの勝利を主張するのに対し、プロシアでその軍備の充実ぶりを観察した山県は、プロシアの勝利を予想した。普仏戦争はプロシアの勝利に終わり、ドイツ帝国が誕生する。

帰国してすぐの一八七〇年八月一二日、信吾は大久保利通のもとを訪れる。大久保の日記には、信吾が洋行から帰って久々に話したことが記されている（『大久保利通日記』下巻）。八月二二日に信吾は兵部権大丞《ひょうぶごんのだいじょう》に任じられ、正六位に叙された。二九日に木戸のもとを訪れた信吾について、木戸は日記に、兵部省の職務の成果が挙がるか憂慮してきたが、信吾は「正実《せいじつ》」であることが顔に現れており、頼もしい人物だと好印象を記している（『木戸孝允日記』第二）。

翌月に信吾は帰朝報告のために宮中に参内《さんだい》し、明治天皇にヨーロッパの文明進歩の状況を奏上している。木戸は九月一四日の日記に、信吾が欧州から帰って、その成果は甚《はなは》だ多いと記し、山県の洋行を周旋した際には隆盛も信吾の洋行を計画し、図らずも両者とも少なからぬ利益をもたらしたとして、これも「国家に関係」すると書き記している（同前）。

洋行から新知識を携えて帰った信吾への信頼と期待が、急速に高まっていった。事実、それまで西欧に関する知識をもとに兵制改革を主導してきた大村益次郎《おおむらますじろう》や山田顕義《あきよし》などには、洋行して軍事情勢を学んだ経験はなく、信吾は廃藩置県などの大改革にも参与していくことになる。

帰郷

一八七〇年一〇月一二日、信吾は陸軍掛《がかり》を命じられ、洋行話を携えて、隆盛のいる鹿児島に向かった。

当時、隆盛は鹿児島県大参事《だいさんじ》を務めていたが、明治政府はその権力強化のため、維新の英雄である隆盛の政府復帰を期待し、その引き出し役を信吾に託したのである。信吾を迎えた隆盛は、薩摩藩祐筆《ゆうひつ》の得能良介《とくのうりょうすけ》の長女・清子との縁談を準備し、信吾は婚礼の式を挙げた。信吾の説得による隆盛の政府復帰は功を奏し、隆盛と久光を上京させる勅書が岩倉具視に下り、岩倉は勅使として大久保、山県、川村純義《すみよし》を伴って鹿児島を訪問、信吾はこれを出迎えている。隆盛は山県の説得を受け入れ、翌年に参議に復帰する。

このとき信吾は、上司である兵部少輔《しょうゆう》の山県と、兵士の訓練や教育、兵器製造に関する予算措置をめぐって激しく対立している。自らの不在中に山県がこれらの予算を執行したことを不快に思った信吾が山県を批判したものだが、山県は緊急性の高い事項であったと弁解し、何とか了解を得た。木戸が敏感に感じ取った「国家」に対する信吾の強い意識が、組織の上下関係を超えて、首をもたげてきた格好《かっこう》である。

洋行の成果

信吾が洋行の成果として獲得したものは、警察と鉄道、兵制に関する知見だった。パリで、銃剣の代わりに棒を持った軍服姿の者が、道案内や迷子の保護、火災・盗難などの警戒にあたっていることを見聞した信吾は、東京の治安維持上、この警察制度の採用が適切であると判断して調査し、隆盛の賛同を得て、制度導入を企図した。

隆盛の推薦を受けた川路利良《かわじとしよし》が大警視《だいけいし》となり、隆盛と信吾は鹿児島で邏卒《らそつ》要員を募集、信吾は一〇〇名余りを同行させて帰京した。鹿児島で集められた邏卒は最終的に二〇〇〇名にのぼり、他の府県の士族一〇〇〇名とあわせて三〇〇〇名の邏卒によって、新しい警察制度が発足する。邏卒は「ポリス」と呼ばれ、紺色ラシャ生地の制服・帽子に、当初は銃や槍などを装備したが、その後、三尺（約九〇センチ）余りの棍棒《こんぼう》を持つようになり、見張りや密航の取り締まり、探索、警邏《けいら》などにあたった。

鉄道に関しては、信吾は政府内で、欧州の交通・軍事上の鉄道の役割と、その日本への導入の必要性を語り、外国に敷設事業を依存するのではなく、国内事業としてこれを推進すべきだと主張した。兵制に関しても、欧州にならった改革の必要性を説き、天皇の護衛兵である御親兵《ごしんぺい》や鎮台《ちんだい》の設置、さらには廃藩置県などに、少なからぬ関与を見せている。

この頃から、大久保や木戸の日記には「信吾」に代わって「小西郷」が用いられるようになり、「信吾」は「小西郷」、あるいは「従道」として活動していくようになる。以後、本書でも従道と記していく。

一八七一年二月、薩摩・長州・土佐の三藩から兵力を供出して御親兵が編成されることとなり、同年七月と九月の官制改革で、各省には卿と大輔を各一名、少輔を各二名配置し、七月に陸軍少将に補されていた従道は、一二月に兵部少輔に任じられた。この間の四月、石巻に東山道《とうさんどう》鎮台、小倉に西海道《さいかいどう》鎮台が設置され、八月にはあらためて東京、大阪、鎮西《ちんぜい》、東北の四鎮台が開設されて、旧藩に所属していた常備兵を召集して充当した。

隆盛はかねてより、従道には「有為《ゆうい》の資《し》」があり、将来の役に立つだろうと語っている。従道は、「兄ならば此事《このこと》はこうする所でありましょうが私には出来ません」と言って謙遜《けんそん》していた。少将への補任は隆盛が主導したもので、政府内で選任人事が難航した際に隆盛が、他に適任者がいなければ従道がいいだろう、難しい点も多いが「少将位」なら務まると推薦し、実際に就くことになったという(『西郷従道』)。

「自立」への道

この後も、明治政府の改革に不満を抱く島津久光や鹿児島県士族に足を引っ張られ続けた隆盛に対し、従道は中央で軍務官僚としての道を歩み続けることになる。彼は「信吾」ではなく、「従道」として、兄の示す道だけでなく、自ら選んだ道に従おうとする人生へと向かっていった。

そうした従道の生き方はすぐに確立されたわけではない。その過程では、鹿児島県士族からの反発を招くこともあった。

一八七三年に徴兵制が導入される際、平民が兵士となることで、武士の本業としての戦闘行為が侵害されることに鹿児島県士族は強く反発していた。当時、岩倉使節団に随行し、帰国後に内務省に勤め、官僚、政治家として活躍していく平田東助《とうすけ》は晩年、山県から聞いた談話として、次のように回想する。

徴兵制が実施されれば、四〇万の士族の役割は終わる。隆盛は士族による軍隊ではなく、山県が構想する徴兵制を採用すべきだと考えたが、部下の桐野などが「百性《ママ》兵」などにはとても戦争はできないなどと反発し、鹿児島県は徴兵に応じようとしない。そこで隆盛は、自説を公表することなく、従道によって山県を補佐させて徴兵制を実施させようと試みた。その結果、鹿児島では「山県は徴兵好き」で、これを補佐して徴兵制度を敷かせたのは従道であり、「従道こそ怪《け》しからぬ癖者《くせもの》」であり、これを暗殺すべきだという論が起こったほどだという（『伯爵平田東助伝』）。従道は近代化の過程で、隆盛の矢面《やおもて》に立ち、鹿児島県士族の憎悪《ぞうお》を買ったわけである。

それは隆盛の弟として避けては通れない道だったが、隆盛の助言がなくとも、従道は山県とともに徴兵制の立案・布告に協力したものと考えられ、すでに軍人・政治家として従道は自立への道を歩みつつあった。山県、従道にとって最大の強みは、西欧の兵制を実地で見分して新知識を身につけてきた点にあり、木戸や大久保も彼らに賛同する立場にあった。

兵制改革

徴兵制導入に先立つ一八七一年一二月二四日、従道は兵部大輔の山県、同少輔の川村とともに、太政官に建言書を提出している。

鎮台が設けられて海軍の艦艇も整備されてきたが、いまだ外国に備えるには十分ではない。廃藩置県で封建制度が廃止されて郡県制となり、海外情勢も一変するなか、「国防の大計」を定めなければならず、国内の治安維持のため、常備兵と予備兵を設置し、そのために「二十歳の男子」で身体強壮、「家」に支障がない者を、身分を問わず編成すべきである。

海岸の防衛のために戦艦や砲台を整備し、特に海軍を拡張しなければならない。陸海軍整備のため、その「材本」を作る兵学寮《へいがくりょう》や造兵司《ぞうへいし》、武庫司《ぶこし》を拡張し、士官の養成と兵器・食料を自給する必要があり、ロシアの南下に備えることが肝要である、というものであった（『明治天皇紀』第二）。

川村純義

明治の軍制史上重要な意味を持った構想で、当時の軍当局の総合的意見として、その後の軍整備の基盤となった。

一八七二年二月、兵部省が廃止されて陸軍省と海軍省が設けられ、それぞれフランスとイギリスをモデルとして整備することとなった。山県が陸軍大輔に、従道が陸軍少輔に、川村が海軍少輔に就任した。三月には御親兵が近衛兵として再編され、山県が近衛都督《ととく》に、従道が副都督に就いている。皇居の守備を目的とするものだった。六月には、山県が汚職事件によって都督の辞表を提出し、隆盛が陸軍元帥となって近衛都督を兼ね、参議に就任、従道は副都督の職を解かれた。この体制のもとで、すでに述べた経緯を経て、一八七三年一月に徴兵令が発布された。

山県は四月に陸軍大輔も辞職するが、隆盛は、山県に再起を促している。四月二〇日付の従道宛書簡で隆盛は、次のように記している。井上馨や大隈重信とともに大輔に復帰するよう説諭したものの山県が聞き入れず、このままでは陸軍省が瓦解する。そのため内定していた従道の洋行を中止して補佐させる。山県を再度説得しているが山県は回答を保留しており、洋行についてはしばらく辛抱してほしい（『西郷隆盛全集』第三巻）。

翌日、大隈が隆盛のもとを訪れると、山県が後任に津田出《つだいずる》を就任させて自らは「御《ご》用掛《ようがかり》」に就く意向であると述べたため、隆盛は大隈に、しばらく様子を見てはどうか、との態度を示した（同前）。隆盛はその後も従道との連絡を続け、結局、山県は六月に陸軍卿に任ぜられて陸軍省に復帰、従道は七月に陸軍大輔に昇進している。

3　征韓論政変――なぜ隆盛に従わなかったか

政変の勃発

この頃から、隆盛より従道に宛てた書簡が多く確認できるようになる。

一八七三年（明治六）七月二一日付の書簡では、「台湾の模様」が少しずつわかってきたとしたうえで、「兵隊」を出すようであれば、鹿児島から一大隊を召集して別府晋介に率いさせるとの提案に賛同している。だがまだ副島種臣が帰国していないため、「決定」するのも難しかろう、と記されている（『西郷隆盛全集』第三巻）。

一八七一年一一月に台湾に漂着した琉球の船員が現地住民に殺害されるという事件が発生した。当時、外務卿の副島がこの問題の解決をめぐって清国側と交渉している。副島は清国側が、台湾蕃地《ばんち》の住民は「化外《けがい》の民《たみ》」であり、清国の統治が及ばないと述べたと理解し、出兵が計画されることになる。副島は清国への渡航の際に鹿児島に立ち寄って隆盛と打ち合わせており、隆盛が「兵隊」を出すなどと従道とやりとりしているのは、出兵をめぐるものである。

征韓論をめぐる閣議を描く錦絵　中央に西郷隆盛

この問題が一八七四年の台湾出兵へと接続していくことになるが、その前に、隆盛は征韓論政変による下野、という大きな政治的試練に直面しなければならなかった。

朝鮮駐在の外交官から、朝鮮側が日本を侮蔑《ぶべつ》する文書を掲示したという情報が届いたのは、一八七三年五月のことだった。閣議では、朝鮮への出兵の可否が議論され、板垣退助は朝鮮在住の日本人保護のためとして出兵を主張、これに対し隆盛は、まず使節を派遣して説諭し、自らその任にあたりたいと申し出た。

七月二九日付の板垣宛書簡で隆盛は、「兵隊」を先に派遣すべきだという板垣の出兵論に疑問を呈し、まず使節を派遣すれば、朝鮮側が「暴挙」を加えるため、これにより「討つべきの名」ができるのではないかとして、自分を使節として派遣させてほしい、「死する位の事」はできると述べている（『西郷隆盛全集』第三巻）。

八月一七日の閣議で西郷を使節として派遣することが決まるが、明治天皇は洋行中だった右大臣・岩倉具視の帰国を待って、再度申し出るよう指示した。岩倉は九月一三日に帰国、大久保とともに、樺太で発生した火災事件をめぐるロシアとの交渉が優先であること、海軍が未整備であること、「内治」を優先して「外征」に備えるべきこと、などを理由に使節派遣の延期を主張する。

一〇月一五日の閣議で使節派遣は決定されるものの、三条実美・太政大臣が病に倒れ、代理となった岩倉は閣議の結果と自説の両方を天皇に奏上し、天皇は岩倉の派遣延期案を嘉納《かのう》（受け入れ）したため、隆盛や板垣、副島、江藤新平、後藤象二郎の各参議は政府を去る。薩摩と土佐出身の多くの軍人や官吏も、これに続いて下野した。征韓論政変である。

なぜ政府に留まったのか

この過程で、隆盛は板垣や三条などにさかんに書簡を送っているが、従道宛は残されておらず、兄弟の間でどのようなやりとりがあったのか、正確なところはわからない。

ただ、従道の腹心だった山本権兵衛が一八八七年夏に、征韓論政変の際、なぜ隆盛と進退をともにしなかったのか、従道に問うている。これに対し、従道は次のように答えたという。

自分は欧州に留学し、現地の「政治、教育及軍事其他百般の事」を学び、いかにして「維新大業の基礎」を確立すべきか日夜煩悶《はんもん》し、その解決策を得られないでいた。岩倉の一行が帰国すると、まず内政を改革して財政を整理し、その後朝鮮に対する処理をしようとしたが、これは適切であると自分は思ったという。

特に隆盛を使節として派遣することは、死地に追いやるのと同様であり、これを阻止するのは「国家」のため適当な策だと信じた。隆盛が下野したのは、太政大臣代理である岩倉が頑《がん》として自説を枉《ま》げなかったためだが、近衛兵が動揺することは望んでおらず、その真意を熟知していた自分は有力者たちを説得して引き止め、隆盛が単独で下野するよう努めたものの、その目的は果たせなかった。自分自身が下野しなかったのは、隆盛と最も縁の深い者まで去っては、「陛下」に対する「忠誠」を欠く恐れがあることを痛感したためで、隆盛もこの点は理解していた(『伯爵山本権兵衛伝』下)。

隆盛が政府を去った約二ヵ月後の一二月一五日に、従道が台湾視察のため上海にいた同郷の樺山資紀に宛てた書簡でも、従道は隆盛に同調しないよう周囲に働きかけていたと記している。ここで従道は、一〇月初旬以降、樺太、台湾、朝鮮に関する議論が続出し、政府内が分裂、三条が病に倒れ岩倉が代理となって「愚兄《ぐけい》隆盛」が職を辞し、板垣、副島、江藤、後藤も参議を辞任したものの、工部卿の伊藤博文と外務卿の寺島宗則が参議を兼任することで、「大政」は滞りなく運んでいると安堵感を示している。

そのうえで、近衛兵が動揺して薩摩と土佐の出身者が次々と辞表を出したため、「恐《おそれ》多《おおく》も再度　御懇勅《ごこんちょく》」を受け、天皇の命で彼らの説得にあたったものの効果がなく、下士官は「非職」、伍長以下は「除隊」といった形にして、穏便な形で帰郷させて安堵した、との心境も書いている。今回の政府内の紛議についてはとても書簡では言い尽くせないが、外交問題で「政府」が瓦解することは避けられたとして、樺山が帰京したら詳しいことを話したいと記している（「樺山資紀関係文書」）。

天皇への忠誠、兄の了承

従道が征韓論に反対したのは、欧州に留学した経験を踏まえ、内政・財政改革を優先すべきだと考えたためである。隆盛を死地から救うことは「国家」のためであると信じ、隆盛も望まない近衛兵の動揺を抑えるために、天皇の命を受けて彼らが辞任しないよう説得にあたったわけである。自らが下野しなかったのも、その天皇に対する忠誠心の故だった。この時期、政治や外交、軍事、警察、インフラの発展によって実現すべき「維新大業」や「国家」の姿が、少しずつ具体性を帯びつつあった。

妻の清子は、政変後に従道が「われわれも鹿児島に帰ることになるだろうから、いつでも出発出来るように準備をしておきなさい」と語ったため、帰郷の覚悟を決めていた。だが、従道が隆盛と会って「兄さんが東京に残れと申されたよ」と東京に留まることになった。さらに、「世間でお祖父様がヨーロッパの先進諸国を見てきたから兄弟の意見が分れたと言うていることとは違うんですよ」と孫の従宏に証言している（『元帥西郷従道伝』）。

従道は欧州経験を踏まえたことで、征韓論の是非をめぐって、たしかに隆盛と意見を異にしたが、それが両者を離別させた要因ではない。先述したように、従道が政府に留まったのは、天皇への忠誠心からであり、隆盛も了承済みのことだった。清子に兄の指示だと言ったのは、兄の了解をとった、あるいは兄と合意した、といった程度の意味だったと思われる。

鹿児島出身の山本権兵衛は政変当時、兵学寮の生徒だったが、隆盛から征韓問題の経緯を聞いて進退を決しようと思い、友人の左近允隼太《さこんじょうはやた》とともに帰郷し、一八七四年に隆盛と面会している。その際、山本らは現政権では大久保に権限が集中し、不当行為が横行しているなどと述べ、従道にも話題が及んだが、隆盛は、従道は吉次郎と違って「少々小智恵」があり、「君国」のために「一意専心」して奉公する大義を決して忘れていないはずだと確信している、と弁護したという（『伯爵山本権兵衛伝』下）。このあたりにも、兄弟間の信頼関係と共通理解がわかる。

これまで従道は、隆盛に導かれながら、「信吾」から脱皮してきたが、洋行や実務を通して「国家」指導者としての意識を涵養《かんよう》しながら、半ば強制的に、隆盛と離別させられ、「従道」として自立することを余儀なくされていく。しかし、その自立が完全に達成されるには、さらに二つの試練を乗り越えなければならなかった。台湾出兵と西南戦争がそれである。

4 台湾出兵――派遣軍トップ暴走の真意

出兵の発端

征韓論政変時に、使節派遣に反対して内治優先を唱えた政権中枢の参議兼内務卿・大久保利通は、一八七四年（明治七）、台湾出兵を実行する。政変後も征韓実施を求める声は根強く、熊本鎮台第二分営（鹿児島）をはじめ、各地で不穏な動きが見られるなど、全国的な士族反乱が勃発する緊張感が高まるなかで、最も危険性の高い鹿児島県士族を出兵に参加させて暴発を防ぐ狙いがあった。東京の警保寮に残った坂元純熙《さかもとすみき》などの鹿児島出身者が発信源で、従道も大久保に台湾行きについて相談し、坂元らの薩摩の壮士を台湾に移したいとの意向を漏らしている。

琉球の船員が殺害された際にも、琉球藩主の尚泰《しょうたい》は鹿児島県庁にその経緯を具陳《ぐちん》し、鹿児島県令の大山綱良は一八七二年七月、政府に兵と艦艇を借り受け、「暴虜」を殲滅《せんめつ》して武を海外に輝かせたい、と申し出ていた。

ただし当時はまだ、清国との間で琉球の帰属問題が決着しておらず、政府側の対応が鈍かったため、大山は熊本鎮台第二分営長として鹿児島にいた樺山資紀に相談し、樺山は上司である熊本鎮台司令長官の桐野利秋に相談、八月に上京して従道や隆盛に面会し、台湾に探検隊を派遣する必要を力説した。これを受けて外務省が事件についての調査書を作成して太政官に提出し、台湾の罪を問う議論が活性化したが、この段階でも、政府内には士族の不満を海外で発散させようとする発想があった。

ただ、出兵先となる台湾東部山岳地帯に清国の統治が及んでいるのか定かでなかった。そのため、まず副島種臣に清国政府との交渉にあたらせる。その結果、副島が、清国側が台湾蕃地の住民を「化外の民」とし、清国の統治が及んでいないと理解したのは、すでに述べた通りである。

副島に同行していた樺山は、北京から台湾に赴いて現地を視察し、住民が清国政府に不満を持っており、日本政府が十分に準備すれば征服が可能である、との感触を得た。征韓論問題で台湾問題は一時棚上げとなっていたが、政変を経て一気に表面化することになったわけである。

一八七四年一月二六日、三条実美が大久保利通と大隈重信に、台湾問題と朝鮮問題について調査するよう命じ、大久保・大隈は外務大丞の柳原前光《やなぎわらさきみつ》などに依頼して「台蕃処分要略」を作成させた。琉球の人民が殺害されたことに報復して台湾を「拠有《きょゆう》」するのは政府の義務であり、「討蕃《とうばん》の公理」の基礎が立つと述べ、政府の政策決定のため「蕃地《ばんち》事務局」を設置することを求めるものである。大久保と大隈はこれをもとに二月六日、「台湾蕃地処分要略」を提出し、「拠有」の文言や「蕃地事務局」の設置は削除されたものの、同日に行われた閣議で、蕃地領有については再度評議するとしつつ、「蕃地」の征討遂行のために台湾出兵の実行が決定された。

翌三月、従道は「台湾生蕃《せいばん》処置取調《とりしらべ》」を委任されて、陸軍省に「取調局」を設置、出兵に向けた具体策を練りはじめる。そこでは「蕃人」を日本に帰化させることを企図しており、隆盛が鹿児島で組織した私学校《しがっこう》の生徒を兵士として募集することを計画していた。

のちに従道の次男・従徳は、当時のことを次のように述べている。「好都合のことに、父には実の兄の隆盛が鹿児島に居たので、父は長崎から徴集隊のことを兄に頼んでやった。大西郷は其《そ》の前年の明治六〔一八七三〕年、征韓論で議が容れられず官を辞して帰郷し子弟の教育に当っていたので、其子弟の間から徴集した一隊を組織し、其の出発に方《あた》って伯父（隆盛）自ら海岸まで送って行って一場の訓示をやったと聞いている」（「銀の腕輪とキニーネ」『西郷都督と樺山総督』)。従道の出兵の背後には、なお、隆盛の存在があった。

なお、「生蕃」や「蕃人」とは清国政府の統治に服さない人々で、特に台湾の山地に住む先住民・高山族《こうざんぞく》のことを指し、「蕃地」とは彼らが住んでいる未開の地を意味している。

台湾蕃地事務都督への任命

三月三〇日に再評議の場が設けられ、ここで台湾出兵の具体的な計画が定められた。そこでは、鹿児島県士族の台湾移住を目的として、予算五〇万円をもって実施することとなった。四月四日、従道が台湾蕃地事務都督に任じられる。五日、一度は見送られた台湾蕃地事務局も設置されて、大隈が長官に就任、台湾蕃地処分に関する全権が、従道に委任された。

このとき、明治天皇から与えられた委任状では、次の三つが定められていた。第一に、日本人を暴殺した罪を問うて「相当の処分」を行うこと、第二に、「罪」に服さなければ「臨機兵力」をもって討伐すること、第三に、日本人が現地住民の「暴害」を受けない方法を立てること、である。

この四月五日、従道には天皇から特諭状も与えられた。そこには出兵の目的を「野蛮」な民を開化して「我良民」を安心させることに置き、そのため、服従した「土人」に「恩恵」を与えつつ、「抗敵」する場合は「兵威」を用いること、天皇への上奏を経たうえで、鎮定後は「土人」を「誘導開化」させて日本政府との間で「有益の事業」を起こさせること、中国人や外国人から「妬猜《とさい》の念」を引き起こされないよう注意すること、などが命じられていた（『大隈重信関係文書』第二）。

四月九日に従道が、一七日には大隈が長崎に出発、前進基地となる支局が設置される。

ここで問題となったのが、米国と英国の反発だった。四月一八日に駐日米国公使ジョン・A・ビンガムが、台湾蕃地は清国の領土であるとして、米国船・米国市民の雇用を拒否、駐日英国公使ハリー・S・パークスも台湾蕃地を清国領土外とする日本政府の説明を拒否し、局外中立を宣言していたため、三条は翌一九日に出兵を一旦中止する。

四月一八日には参議兼文部卿の木戸孝允も、征韓論を阻止して内務省を設立し、国内行政を優先することを示しながら、台湾に対して「外征の師」を起こすようでは、天下の人々は何が政府の方針かわからなくなると抗議し、辞表を提出している（『松菊木戸公伝』下)。

大隈重信、大久保利通の説得

従道を説得するために大久保が長崎に派遣されるが、従道は大久保の到着を待たず、五月二日に出兵を開始した。大久保に先駆けて太政官権少内史《ごんのしょうないし》の金井之恭《かないゆきやす》が説得に来ていたが、三条の意を受けて出発を止めようとする大隈に対し、従道は次のように語った。出兵の大命を受けて来た自分がここに留まれば士気が下がるうえ、出兵を覆すような朝令暮改は「天下の人心」に「疑惧《ぎく》」を抱かせることになり、各地に屯営《とんえい》している陸軍兵が気脈を通じて「潰烈《ついれつ》」して収拾がつかなくなり、佐賀の乱以上の混乱が起こりうる。

あえて自分を止めるのであれば、天皇からの勅書を首にかけて台湾に乗り込み、「死して後に止まん」と従道の意志は固い。いわば、脅《おど》しである。大隈は東京に戻って従道の意向を伝えると述べたが、従道はこれも聞かずにその夜、艦艇に出発の用意を命じた(『岩倉公実記』下巻)。

五月三日に長崎に到着した大久保は、翌四日に従道・大隈と会談する。そこでは柳原を清国に「至急派出」するよう東京に打電すること、柳原が到着後は大隈と協議すること、出兵にあたって「難題」が発生した場合、「大久保」をはじめとする三名が責任を負うこと、との合意書が交わされている（鹿児島県歴史・美術センター黎明館所蔵。以下、黎明館所蔵と略記）。

蕃地事務局では、大久保と清国政府との交渉にあたって、清国への要求事項を整理している。そこでは「征蕃の挙」の目的として、第一に日本国民を「保恤《ほじゅつ》」（あわれんで助ける）すること、第二に「野蕃を膺徴《ママ》」して「開化」に導くこと、第三に「将来航海者」の「安寧《あんねい》」を確保することを挙げ、清国がこの「義挙」を妨げるべきではない、と述べている（同前）。交渉のための表向きの題目に過ぎないが、こうした目的もある程度、従道は意識していたと思われる。なお、従道は四月四日付で陸軍中将となっている。

実業家の大倉喜八郎がこのとき、工兵や輜重《しちょう》、兵站などを担う後方勤務の五〇〇人を率いており、後年、三条の中止命令を聞かずに従道が出発したことについて、征韓論政変で生じた「鬱勃《うつぼつ》たる士気」を「台湾征伐の外征」に向けようとする意図があったのではないか、と想像している（「大倉男回顧談」『西郷都督と樺山総督』）。

隆盛と共通した思い

打狗港《だぐこう》（現・高雄港）に滞在して台湾を視察していた樺山は、従道に現地情報を伝えており、一八七三年一一月三〇日に従道が熊本鎮台の田中春風・陸軍中佐に宛てた書簡で、その内容に触れている。樺山からの報告書を熟読したという従道は、樺山が猟師を同行させていることが危険だと心配したうえで、食料の調達と電信の設置が必要であると述べ、出兵にあたっては西洋でも「信の義」を重んじることに心を砕いており、「敵」の偽情報で計略にかかってはいけない、と記した。「猿」のように足の速い「蕃人」と「戦」になるのは予想しているが、そのあたりの心配を樺山が漏らすことはないだろうという（「宮島誠一郎関係文書」）。

樺山資紀

樺山の日記によると、この頃は打狗港を出入りする船舶を観察し、望遠鏡を使って現地の地形を探索するなど、熱心に情報収集にあたっていたが、一一月二九日には下痢を起こして疲労を感じたと記すなど、苦労も多かったことがうかがえる（「樺山資紀台湾記事」『西郷都督と樺山総督』）。

すでに台湾出兵の前年の段階で、従道が台湾での戦闘を覚悟し、その準備を構想しはじめていたこと、戦争の信義や敵側の計略などに注意を払っていたことがわかる。樺山は征韓論政変時と同様、信頼の置ける部下であり、それだけに冒険的な偵察行動がもたらす身の危険は心配だった。

なお、山本権兵衛は征韓論政変について従道に尋ねた際、台湾出兵についても聞いている。山本が、政府が出兵を中止したにもかかわらず台湾に向かったのは、征韓論の際に政府側に残った「不名誉」を挽回して隆盛の意に応えようとしたためではないか、と質問したのに対して、従道は次のように応じている。

台湾出兵から帰国後、自分は鹿児島に帰省して隆盛と面会し、隆盛下野後の政治情勢について詳細に報告して了解を求めた。そのときの隆盛は周囲から従道についての噂を聞かされても信じることなく、自分（従道）を誤解することはなかった。他方、篠原国幹は従道について誤解している「頑固の人」であり、従道のことを「不埒至極《ふらちしごく》」だとして距離をとり、自分もその意中を察して多くは語らなかったという（『伯爵山本権兵衛伝』下）。

従道は政府に残ったことで、鹿児島に帰郷した士族からは「裏切り者」のレッテルを貼られていた。隆盛はそうした「誤解」はしていなかったため、あえてその意に沿うために台湾出兵を強行したわけではない、と言いたかったのであろう。

征韓論政変の際に隆盛と従道の間に信頼と合意が成立していたことは先述したが、台湾出兵にあたっても従道は隆盛を頼って、隆盛はこれに協力していた。その意味で「従道」はまだ、「信吾」の側面を濃厚に残していた。

出兵へ

一八七四年五月一六日午後六時三〇分、従道は三条に、「明日従道高砂丸《たかさごまる》より開帆《かいはん》致すべし此段《このだん》お届け仕《つかまつ》る」と電報を打って台湾に向かった（黎明館所蔵。原文カタカナ）。

台湾の恒春に到着したのは五月二二日である。二六日に樺山と面会して視察の報告を受け、先発部隊は次々と現地住民を帰順させていったが、豪雨と飲料水不足、湿気とマラリアに悩まされ、陣営はゲリラ戦にも備えなければならなかった。

五月二九日、従道は右翼隊参軍の赤松則良・海軍少将、左翼隊参軍の谷干城《たにかんじょう》・陸軍少将らを集めて、琉球民の殺害事件に関与した牡丹社《ぼたんしゃ》の総攻撃を命じて六月一日に進撃を開始、大きな抵抗もなく、敵を潰走させた。従道は総攻撃終了後、琉球島民の墓を集めて統埔路に「大日本琉球藩民五十四名墓」と刻した石碑を建てさせている。
従道は帰順した現地住民との交流を心掛け、その歓待を受けて、酒を酌《く》み交わした。各駐屯地では殖民政策を念頭に、日本から持ち込んだ松や杉、柳の苗を植えて樹種試験を行わせるなどしている。

台湾出兵は清国や列強との外交問題になることが予想されたため、政府は柳原を清国との交渉のために派遣し、国内にも出兵を公表した。蕃地事務局は、台湾蕃地は清国の領土ではないとして、その領有を目指し、七月八日の閣議でも、やむを得ない場合は清国と開戦することを決定する。台湾からの早期撤兵は、不平士族の反発を招く可能性があった。大久保は自ら全権弁理大臣として清国に赴くことを申し出て、八月一六日に長崎を出航する。

これを受けて、大隈は清国との開戦準備を進め、西洋列強の動向に配慮して、国際法の研究のため司法省の御雇外国人ジョルジュ・H・ブスケなどを蕃地事務局に迎え入れるとともに、公債発行によって予算規模を拡大させていく。国内でも対清開戦を求める声が強まり、全国各地から従軍願いが相次いだ。

大久保は七月二三日に従道に宛てて書簡を送り、早期に「平定」しているのは実に意外な展開で、「国家」にとって「同慶」に堪えないと従道を賞讃した。清国の新聞各紙は「蕃地の余焔」が飛び火するのではないかと警戒しているとして、大久保は、談判のうえで賠償金を獲得して満足できるだけの結果が出次第、速やかに兵を引き揚げるのが上策だと伝え、鹿児島も高知も士族の状況は安定していると述べている（「西郷従道家書翰帖」）。

八月一五日に従道に宛てた書簡でも大久保は、清国に交渉に赴くにあたっては、政府内でも「百方論難」受けたが、「断然立論」して「飛出」してきたとして、心配はいらないと強調した（同前）。

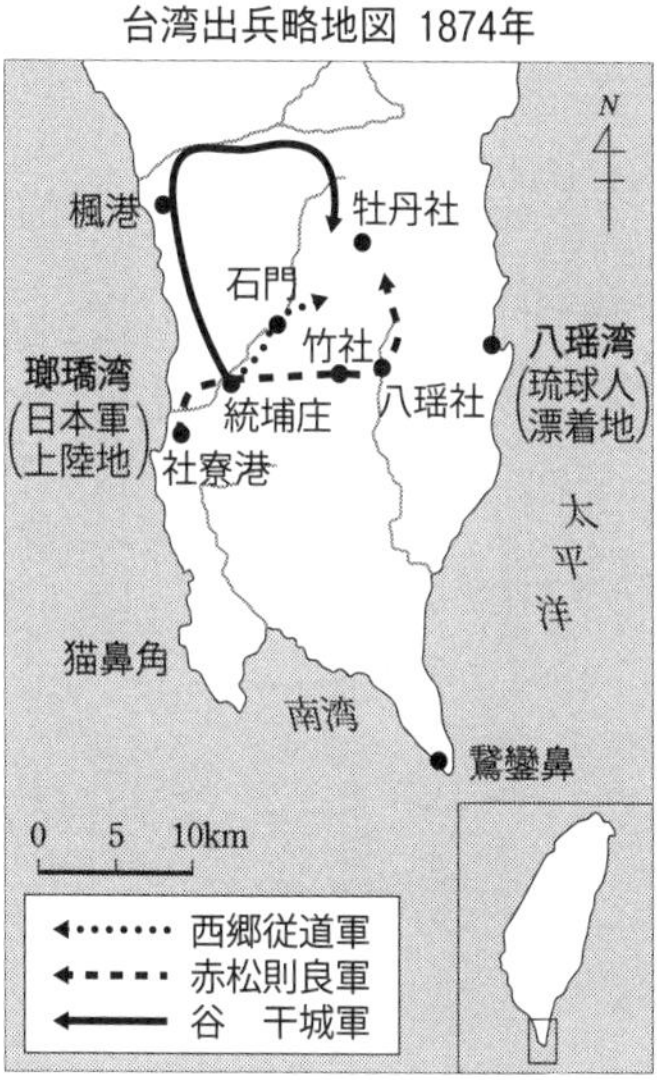

出典：新訂増補『日本の歴史　週刊朝日百科90』（朝日新聞社、2004年）を基に筆者作成

この頃、台湾にいた従道以下の日本兵は、現地部隊を続々と降伏させていたものの、マラリアの流行に苦しみ、士気が低下しはじめていた。従道は台湾からの撤兵も

考えはじめるが、台湾蕃地事務局長官の大隈はあくまで開戦に前のめりの姿勢を続けた。一〇月八日には従道は大隈に、「軍中の病患」が急増している状況で、兵員の交代も見通せていないと苦況を伝えた。だが、二七日に大隈は、「全軍の病患」によって「兵情」が振るわない状況に陥っているなか、現地に踏みとどまっている従道に「感泣敬服の至」と同情したうえで、陸軍卿と協議して「健兵交代」の準備を整えており、気候も回復して病気も「消散」するだろうから「辛抱」してほしいと回答している（「西郷都督本月十八日付書状該地滞在兵士病患増加西少佐帰朝云々接到に付復束」）。

撤兵――「義挙」と賠償金

こうしたなか、大久保と清国政府との交渉が成立し、一一月八日、その電信が大隈のもとに届いた。台湾出兵を日本の「義挙」として認めたうえで、清国側が賠償金を支払うというもので、不平士族の動向に配慮したものだった。これを受けて大隈も開戦論を撤回し、一一月一四日に蕃地事務局を閉局、一二月二日に台湾を離れていた従道は、一二日には長崎を出航して横浜に向かい、翌日に支局も閉鎖された。

この間、従道が交渉成立を受け入れるかどうか疑念を抱いた大久保は、廈門《アモイ》を経て台

台湾出兵時に先住民たちと、1874年　中央に西郷従道、現地住民の指導者トキトクたちと

湾に赴き、従道の説得にあたったが、従道はあっさりと異議なしとして受け入れている。マラリアの蔓延《まんえん》で、出兵に参加した四六〇〇名余りの将兵は、ほぼ「全滅」の状態にあり、兵士の交代が叶《かな》わなければ撤退せざるを得ない状態にあったのである。従道自身、マラリアに感染して高熱にうなされており、戦死者が一二名だったのに対し、戦病死者は五二五名にのぼっていた。

台湾には明治天皇から勅使が派遣されることとなり、一一月二四日以降、撤兵が開始され、清国側の代表者も台湾を訪れて従道と会見、従道は兵隊たちに、清国が屈服して軍費を賠償し、その求めに応じて凱旋《がいせん》する旨を伝えた。

勅使の東《ひがし》久世《くぜ》通禧《みちとみ》が到着すると、従道に「全軍を将《もっ》て凱旋」するよう命じる勅語が下された。撤兵が完了したのは、一二月二日のことである。一二月九日、従道は宮内省の許可を得て「生蕃人民へ告諭の文」を発表し、「大日本陸軍中将」の自らが、「我が琉民」を殺戮《さつりく》した「無道罪」について、天皇の命を奉じて罪を問うて悔い改めさせ、清国との講和が実現したとして、同国の「教」に背《そむ》くことがないよう諭している（「宮内省へ西郷都督蕃人告諭文回付の儀」）。

台湾を離れる際には、軍の給与品などをもらった返礼として、「生蕃の頭目」から従道に銀製の腕輪が贈られた。従道は以後、「頭目が心をこめて嵌《は》めて呉《く》れたものだから」と長く身につけていたという（「銀の腕輪とキニーネ」）。長崎から東京への帰路、従道は鹿児島に立ち寄って隆盛と面会し、ともに上京しようと説得している。だが、隆盛が応じることはなかった。これが兄弟にとって最後の面会となる。

凱旋

一二月二七日に従道は横浜に到着した。大勢の人々が国旗を振り、帽子を掲げて出迎え、東京でも市街地に祝酒《いわいざけ》が振る舞われて、盛大な祝賀ムードが醸成されていた。そのなか従道は明治天皇に謁見《えっけん》、「汝《なんじ》の難険《なんけん》を冒し身力を竭《つく》す」ことを「朕《ちん》深く之《これ》を嘉尚《かしょう》す」との勅語を受けた。翌一八七五年一月九日に延遼館《えんりょうかん》で開かれた祝賀会で従道は、「討蕃」にあたって自分は命をかけて現地に露営し、職務を遂行したが、清国と開戦にいたらず和平に帰したのは、「天皇陛下の盛徳《せいとく》」と「諸公廟堂規画《しょこうびょうどうきかく》」(政府首脳の政策の意味)によると讃えた。さらに、台湾出兵によって陸海軍の武威が宣揚《せんよう》され、こうした「盛宴《せいえん》」を賜ったのはこのうえない栄誉であり、「国光」がさらに輝くことを祈る、と挨拶している(「西郷陸軍中将延遼館宴席祝辞」)。

天皇への忠誠心から兄との離別を許容しつつ、「維新」の大業と「国家」の発展を目指して陸軍官僚としての歩みを進めてきた従道にとって、こうした勅語や祝宴は願ってもない名誉だった。それは部下の将兵にとっても同様であり、従道は特に、戦死した将兵の東京招魂社《しょうこんしゃ》(のちの靖国神社)への合祀《ごうし》にこだわりを見せている。

一八七五年一月二四日に従道は大隈に、「台湾蕃地」での戦死者を東京招魂社に合祀してほしいと求め、大隈はこれを閣議に諮って、二九日に対象者の名簿とともに、合祀が決定する。二月一七日、陸軍大輔の従道は陸軍卿・山県の代理となり、同二二日に招魂祭を執行し、今後は毎年一月二七日に祭典を執行するとして、合祀対象者のいる府県の親戚へ伝達するよう達した。

従道自身がさらなる忠誠を示し、さらに国家の基礎を固め、さらなる栄誉を得るためには、兄との対決を経なければならない。

第2章 西南戦争と兄・隆盛の死

1　不満と蹶起、近代日本最大の内戦へ

募る不満

台湾出兵によって鬱屈する不満が発散されたとはいえ、それは出兵に参加した一部の士族に限られたものだった。西郷隆盛が作った私学校の生徒は、徴兵令のみならず、明治政府の外交政策や、士族に関わる諸改革などに、批判の声を上げ続けていくことになる。

一八七三年（明治六）一一月一〇日に鹿児島に帰った隆盛は、職もないまま鬱屈を募らせる鹿児島県士族を憂《うれ》い、翌年六月に私学校を創設する。道義を重んじ、尊王と民の憐憫《れんびん》を重んじ、危機が発生した際には義務を果たすことを目指して人材の養成にあたるもので、旧近衛兵を生徒とする銃隊学校と、砲兵出身者が学ぶ砲隊学校とで構成し、軍事教育を授けつつ、漢学を学ばせ、精神的な修養を積ませた。

銃隊学校を主宰したのは陸軍少将の篠原国幹で、砲隊学校は宮内大丞《くないたいじょう》を務めた洋行帰りの村田新八が率いた。このほか、隆盛などの賞典禄をもとに賞典学校が設けられて

士官の養成を目指し、下士官養成機関の旧教導団の生徒を集めて吉野開墾社を設立、開墾やサツマイモの栽培などに取り組んだ。

私学校の勢力は、隆盛と大山綱良・鹿児島県令の協力により、区長や学校長、警察などに浸透し、次第に県政の実権を掌握していく。一八七三年には地租改正がはじまるが、士族が所有する農民の耕作地と自作地のうち、自作地のみの所有が認められ、さらに課税されることになったため、士族から反発の声が高まった。

政府は、士族の家禄の負担を継承したが、これが財政を圧迫することになったため、米禄を金禄へと移行し、一八七六年には家禄を廃止して、五年から一四年分の公債を発行、五分から七分の利子を支給することになった。鹿児島県士族はこれに反発し、金禄への移行が実施されなかったうえ、家禄廃止にあたっては騒動が起こり、県側の要請で利子を一〇割とする特例措置が認められた。

このほか、私学校党は政府の欧化政策や朝令暮改、官吏の奢侈《しゃし》などを批判し、征韓の持論を維持して、征韓を実現して日本の国威を発揚し、条約改正を有利に実現したい、といった構想を示していくことになる。

蹶起に消極的な指導部

陸軍少将の桐野利秋は、私学校党をまとめる立場にあったが、すぐに蹶起しようと考えてはいなかった。桐野自身、「事を成し功を立てん」とすることに汲々《きゅうきゅう》としてはならず、「条理を守り、時勢の来会を待」ち、やむを得ない場合にのみ起《た》つべきだと述べ、早期決起を促す周囲の声を抑えた。だが、政府が「姑息の条約」を結んで国威を貶《おとし》めるようなことがあれば、「在廷の女児輩を掃」って代わりに各国と対峙し、国力を尽くして敵と成敗を決すると語った（『西南記伝』上巻一。傍点原文）。

特に参議兼内務卿・大久保利通への不信感は強く、右大臣・岩倉具視や参議兼大蔵卿・大隈重信とともに暗殺する計画も持ち上がるが、隆盛が制し、以後も強硬論が起こると、そのたびに隆盛は説得に乗り出した。

この間の一八七五年九月、朝鮮で江華島事件が発生し、翌年二月、日朝修好条規が締結されて、日朝の国交問題が解決した。政府は国内政策に力を入れ、三月に廃刀令を発令、八月に士族の家禄を廃止して、公債証書を発行する条例を公布する。

こうしたなか、西南各地で士族反乱が続発した。一〇月二四日には、廃刀令に反発した熊本の敬神党《けいしんとう》が神風連《じんぷうれん》の乱を起こして熊本県令の安岡良亮《やすおかりょうすけ》などを殺害したが、鎮台兵によってすぐに鎮圧された。二七日、福岡の秋月でも敬神党と連携した反乱が起こり、「君側《くんそく》の奸《かん》」を排除すると宣言したが、これもすぐに潰走している。翌日には山口県の萩で、地租改正や樺太千島交換条約、秩禄処分などに不満を抱き、特に木戸孝允に反発していた元参議の前原一誠《まえばらいっせい》が蹶起したが、政府軍に敗れた。

こうした情報に接した隆盛は、私学校党に波及しないよう注意を払い、実際に萩の乱に呼応したいという私学校党の主張を、内乱は国家の大事であるとして退けている。しかし、桐野も蹶起に前向きになり、次第に抑えが利かなくなりつつあった。

戦争勃発

こうしたなか、西南戦争は二つの事件を契機としてはじまった。

ひとつは、警視庁から派遣された視察団が捕縛《ほばく》され、隆盛を暗殺しようとする計画が発覚したというもので、実際に暗殺計画があったかは疑わしいものの、私学校党は事実と信じ、首謀者とされた大警視・川路利良と大久保への怨恨《えんこん》を募らせた。

もうひとつは、政府が鹿児島にあった火薬庫の火器弾薬を大阪に移送しようとしたところ、これを察知した私学校党が襲撃して火薬庫を破壊、銃や弾薬を略奪したという事件である。

これらにより、私学校党の蹶起は避けられない事態となった。火薬庫事件を受けた隆盛は「しまった」と言って鹿児島に戻り、私学校の会議に出席したが、暗殺計画については隆盛や桐野、篠原が上京して政府を問い詰めればよいという主張に対し、政府側が警戒して上京は叶わないだろうから、兵を率いていくべきであるとの結論にいたり、一八七七年二月六日、熊本を経由して上京を目指し、途中で抵抗されれば迎え撃って前進するとの方針が決まった。

かくして、薩軍約一万六〇〇〇名が二月一四日以降、鹿児島を出発し、熊本に接近した一九日、政府は征討令を発令、有栖川宮熾仁親王《ありすがわのみやたるひと》が総督となり、山県有朋・参議兼陸軍卿と川村純義・海軍大輔がそれぞれ参軍に就任して、陸海軍の指揮を執ることになった。熊本鎮台は熊本城に籠城《ろうじょう》する作戦をとって抗戦する姿勢を示し、二一日、薩軍が城下に侵入して戦闘がはじまる。征討令を受けた政府軍は「官軍」であり、それに敵対する薩軍は「賊軍」であった。

従道の心境と戦争の推移

従道は、隆盛の反乱をどう受け止めたのであろうか。

清子は、戦争勃発の一報を受けて帰宅した従道が「何とも沈痛」な様子であったため、鹿児島で何か起こったかと聞いたところ、「私学校の奴等がいくさをはじめたよ。兄さんの本心ではないので残念だ」と語り、「兄さんなら熊本城をあのように攻める筈《はず》はない」と語ったという（『元帥西郷従道伝』）。

戦争をはじめたのは「私学校の奴等」であって隆盛ではない、というのが従道の見立てである。四月一六日に英国公使パークスと食事をともにした際にも、「かれの兄の吉之助（隆盛）はどうなったのか。かれはわからないと答えた」。従道は、別府晋介、淵辺群平、辺見十郎太が「叛乱《はんらん》の本当の首謀者」であり、隆盛や桐野、篠原、村田新八、大山綱良は彼らに騙されていると述べている。さらに、隆盛暗殺計画を否定したうえで、パークスが隆盛らを亡命させてはどうかと勧めると、「仮にそのような機会があたえられたとしても、吉之助はそれを利用しないだろうと思う。かれは死刑執行人の手にかかるのではなく、何か別の方法で死をえらぶだろうと思うが、自分もそれを望んでいる」と語った。

征韓論に反対したのは「清国が黙って見ているとは思えなかった」ためだが、台湾出兵によって「清国を恐れる必要は何もないことを証明した」と従道は述べ、政変の際に江藤新平と隆盛が東京に残っていれば、「佐賀の乱も、今度の叛乱も、決して起こりはしなかったであろう」と述べている（『西南戦争 遠い崖―アーネスト・サトウ日記抄』第一三巻）。

騙されているとはいえ、隆盛が戦争に参加しているのは事実であり、自らの命は自らで絶ってほしい、と従道は願っていた。征韓論に反対したのは国内政策優先のためであり、それは清国との戦争を回避するためだったわけだが、台湾出兵を強行して清国が交渉で折れたことで、もう清国を恐れる必要はなくなったという自負を、従道は抱いていたわけである。

以後の戦争の経過を、確認しておきたい。薩軍が谷干城司令長官が指揮する熊本鎮台に総攻撃をかけたのが二月二二日、それでも城は落ちなかったが、参謀長として籠城していた樺山資紀が負傷している。

この二月二二日、乃木希典《のぎまれすけ》の率いる政府軍歩兵第一四連隊が、熊本郊外の植木で薩軍部隊と交戦し、二五日には高瀬での戦闘が開始、二七日の戦いで、西郷兄弟の末弟、小兵衛が戦死する。両軍にとって要衝《ようしょう》となる田原坂《たばるざか》での戦闘が開始されたのは三月三日

西南戦争地図 1877年

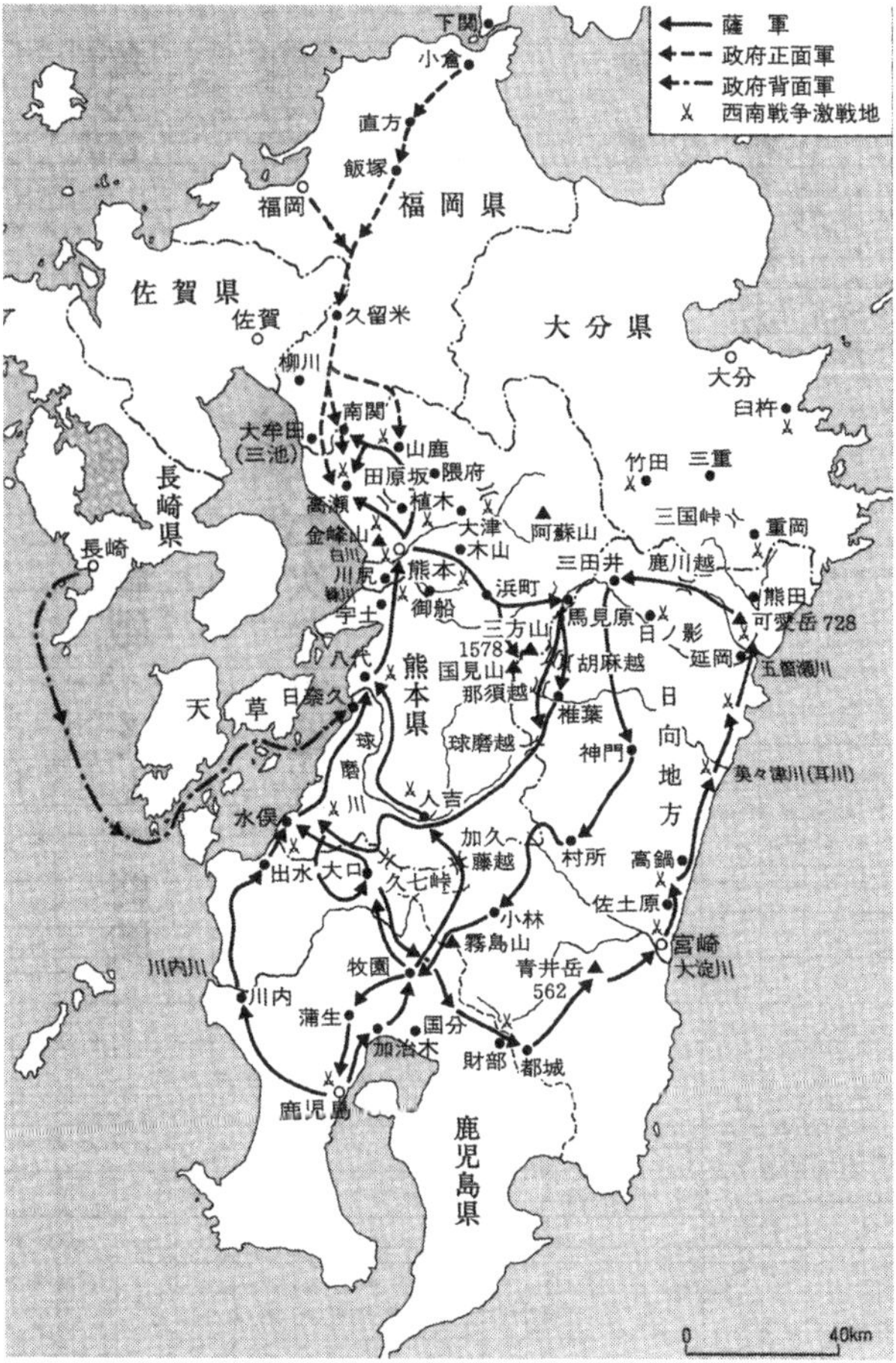

出典：小川原正道『西南戦争』（中公新書、2007年）

である。銃弾が飛び交い、白刃《はくじん》が交わされる凄惨《せいさん》な戦場となり、吉次越《きちじごえ》で篠原が戦死している。田原坂では激しい銃撃戦が展開されたが、三月二〇日、ついに政府軍は田原坂を突破した。

政府軍が主に採用していたのは後装式のスナイドル銃だが、薩軍の主要兵器は前装式のエンフィールド銃で、効率が悪いうえに、雨が降ると使えなかった。武器・弾薬で優位に立つ政府軍が徐々に薩軍を押し込み、四月一日には吉次越も突破するが、植木から熊本へのルートでは、一進一退の攻防が続いた。

戦況を打開したのは、三月一九日に八代から上陸した政府の背面軍である。参議兼開拓長官で参軍となった黒田清隆の指揮のもと、背面軍は熊本城に接近し、四月八日、熊本鎮台を包囲していた薩軍を突破した籠城軍の突囲隊が、背面軍と合流、一四日には、背面軍が熊本鎮台に到着して孤立を解消し、戦況は一気に政府軍有利に傾いた。

この二日後のパークスとの会食の際に従道も、「黒田と山県と谷は連絡に成功した」として、戦闘は「自分としては終ったものと思う」と語っている（『西南戦争　遠い崖―アーネスト・サトウ日記抄』第一三巻）。このとき、すでに隆盛は死を決したと言われており、四月一七日には山県が自決を求める書簡を記して送っている。だが、隆盛のもとに届いたかどうかはわからず、隆盛がこの時点で自決することはなかった。

薩軍は南へ撤退することを余儀なくされ、四月二二日に隆盛は人吉へ向かって出発、二八日に薩軍は人吉に集結する。二年間は持久戦に耐える方針だったが、五月六日に政府軍の攻撃が開始されると、三〇日には総攻撃がかけられ、薩軍は全軍撤退を余儀なくされた。隆盛は宮崎へと移るが、この頃から政府軍への投降が出はじめ、劣勢はさらに明らかとなっていった。弾薬も不足し、薩軍は寺院の梵鐘《ぼんしょう》や民間の鍋や釜を徴収して溶解し、弾丸製造に充《あ》てたが、質・量ともに満足できるものではなく、宮崎を中心とした防衛線も次々と突破されて、七月三一日、宮崎が陥落する。

薩軍は高鍋から都農《つの》、美々津《みみつ》、延岡へと北上しつつ戦闘を続け、和田越では隆盛も前線で指揮を執ったが、すでに兵力は三〇〇〇名余りにまで減少していた。可愛岳《えのだけ》の麓《ふもと》に追い詰められた薩軍では隆盛が、投降したい者は投降し、死にたい者は死に、それは各人に任せるという解軍宣言を出している。

八月一七日、政府軍の総攻撃を前にした薩軍は可愛岳に登って脱出に成功し、鹿児島を目指して、九月一日には城山《しろやま》に到達する。およそ四〇〇名に減っていた兵士を、私学校、県庁、照國《てるくに》神社、城山などに配置した薩軍は、九月二四日、包囲する政府軍の総攻撃を受け、隆盛は銃弾を受けて負傷、別府晋介が首を落とした。桐野も村田も辺見も、ここで戦死している。政府軍が勝利の祝砲を放ったのは、同日午前七時であった。

兄・隆盛の死に接して

可愛岳の麓で薩軍が包囲された際、従道と一緒にいた政府軍会計部長の田中光顕《みつあき》は、従道が「兄ももう今頃は、腹を切って居りましょう」と語ったと回想し、「実に何とも言えない感じがした」と振り返っている（『大西郷兄弟』）。

政府軍第四旅団長だった曽我祐準《そがすけのり》は、出征するまで陸軍省におり、従道とともに戦地から届く電報を待っていたが、村田が戦死したという一報が届いた際に従道は、「あゝ、新八はいいことをしました。こんなことをしでかして、どうせ死なねばならぬ命ですからなあ、併《しか》し、敵の中《うち》の人物と云ったら舎兄《しゃけい》の次ぎは新八でしたよ」と語り、曽我は、隆盛も早く死んでくれればよいと願う心中を察したという。

そして従道は、「残念な事をしました。私の兄も、一度、欧羅巴《ヨーロッパ》に行って、世界の大勢を見ていたら、こんな奇怪な事をするようなことはなかったでしょうに」と言って、男泣きに泣いた。この電報は誤りであるとのちにわかったが、自分が見たヨーロッパを兄にも見せたかったというのは、本音だろう（曽我祐準「西郷従道侯」）。

清子によると、大久保から隆盛が死去したことを知らせる書簡を受け取った従道は、「長大息《ちょうたいそく》して黙って仕舞《しま》」い、夕食が済むと、「今日は鹿児島の城山が落ちた。兄も最期を遂げた」と泣き出した。「自分は今日限りだ。今日限り官職も罷《や》めるから、荷物を片付け、明日から目黒の宅に送れ」と申しつけて引き籠《こ》もってしまった。だが、翌日に大久保が来て引き留め、従道は、どんなことでも大久保の言葉には背かないが、「この事ばかりは、お許しくださいますように」と聞き入れなかった。

大久保はその後も説得にあたり、まずは外国に出て公使になるよう斡旋《あっせん》し、イタリア公使に就任することになる。従道は「今度自分は外国に行けば、もう日本に帰らず、外国の人になって仕舞う」と語ったが、大久保の暗殺によって赴任は中止となり、このときも従道は泣き暮らしたという（「西郷従道侯未亡人清子氏談」『甲東逸話』）。

清子は別の回想で次のように述べている。大久保が従道のもとを訪れて、隆盛の「末路」は「実に遺憾千万《いかんせんばん》」で、隆盛の気持ちは自分にはわかっており、従道の立場も苦しいだろうが、隆盛に代わって「国の為め」に尽くしてもらいたい。「維新前」から隆盛らと「天子様」に仕え、「朝廷」を東京に移したが、まだ国内は安定していない、これ

大久保利通

からは互いに「朝廷の為め」に微力を尽くして奉公し、「初志」を貫かなければ相済まないと語り、イタリア公使就任を持ちかけた。従道には断る言葉もなく、これから先は何事も「あなたの仰せ」に従うと答えた（「侯爵西郷従道後室清子城山陥落追懐談」『大久保利通文書』第八）。

敬愛する隆盛の死が、従道にとっていかにショッキングな出来事だったかが理解されよう。イタリアに赴任して、もう戻ってくるつもりはないと言ったのも、嘘ではあるまい。日本には、もはや自分が存在する場所など残されていないかのようであった。

それは、単に隆盛がいないからではない。従道は西南戦争下で、参軍として前線に赴いた山県に代わって陸軍卿代理の立場にあり、主に兵站を担って、薩軍の討伐に力を尽くしていたのだ。隆盛の死は大きな戦果であると同時に、それ以上に大きな損失であり、すでに「裏切り者」の汚名を負っていた従道に残された道は、官職を去ること、あるいは外国に赴任してそのまま帰らず、祖国との縁を切ることしかなかった。

幼少期から隆盛の盟友であった大久保もまた、その心情を十分に理解しうる立場にあり、だからこそ、救いの手を差し伸べたにちがいない。大久保も亡きいま、「国」と「朝廷」のために尽くすという使命は、兄の遺志として、大久保の遺言として、従道の背に負われることとなる。

従道を支えたもの

薩軍を討伐する立場にあった従道を支えていたのは、この戦争は隆盛の意志によるものではなく、隆盛は周囲に騙されているに過ぎないという理解と、天皇に対する忠誠心、そして、この戦争そのものが持つ、軍事上の意義だった。

一八七七年四月一四日に従道が黒田に宛てた書簡では、次のように述べている。報告によると、黒田の背面軍が「勇闘奮戦」して御船を突破し、「川尻の巣窟《そうくつ》」に突入したとのことで、「実に意外の速進」であり、「貴官御神略《ごしんりゃく》」は感歎《かんたん》に堪えないと従道は黒田を讃えている。背面軍の目的が「熊本城と連絡を取る」ことにあったのは疑いなく、その点で同日に連絡を実現したことは「真に偉大の御功績」であると従道はいう。

今回の戦争は、維新以来経験したことのないものだが、「欧洲の兵制」と「欧洲の器械」を用い、「堂々たる大兵」を挙げて山野の各地に配置し、苛烈《かれつ》な戦闘を続けているのは、「実に本朝未曽有の事」であると、従道は評価した。

さらに、これまで習熟してきた「兵法」が実地で役に立つか否かを「実験」することに大きな意味があり、これが「将来兵制」の構築に貢献することになると従道は述べ、軍務で忙しいだろうが、部隊の配置や戦略、攻撃の勝敗の結果などについて、各部隊からの報告を収集して記録に留め、大臣に報告してほしいと依頼している。従道は、そのために書記官を一名派遣するとして、「奥並継」を紹介し、奥は台湾出兵時に自分が用いた人物で、報告には慣れているので役に立つはずだと書き添えた（黎明館所蔵）。

この書簡では、隆盛への言及がない。ただ、欧州の兵制によって欧州の器械を用い、大規模な兵力を展開したという兵法上の経験に軍事的価値を読み取って、その教訓を記録として残したいという意欲が示されている。

従道にとってこの戦争は、欧州視察経験を踏まえて、これまで欧州を模範として建設にあたってきた日本陸軍の真価が問われる戦いだった。そうした欧州の兵制と器械の活用、大兵の展開という点に戦争の意義を見出すことによって、隆盛や郷里の友人たちの関与といった私的感情を排除し、戦争に「国家」的価値を与えようとしたものと思われる。本来は「情」の人である従道は、そうしなければ、平静に実務にあたれなかったにちがいない。

黒田は五月二九日、従道に書簡を送り、従道からの「書翰《しょかん》并《ならびに》電報等追々《おいおい》到手《とうしゅ》」し、「壮兵募集の儀」について岩倉に上申して手配したとしたうえで、「熊本城連絡」によって「征討の大勢」はすでに決したものの、まだ油断はできず、「陸軍の本」を固める重要性を天皇や岩倉に伝えたいという。現時点では兵員増強が急務であり、「奥羽北越より巡査召募の名義」で募兵し旅団に編成して訓練し、実戦に投入してほしい、「賊兵一万」に対して「官軍はこれに数倍するの兵」が必要だと訴えている（同前）。

黒田もまた、かつての友の勇猛さを実感しつつ、目の前の戦闘を勝ち抜くことに専念しようとしていた。

2　西南戦争下の陸軍卿代理——弾薬確保と不平士族警戒

弾薬欠乏の危機

欧州の「兵制」と「器械」、大兵の展開という「作戦」のうち、戦時の「兵制」や「作戦」を担うのは山県参軍、川村参軍、黒田参軍以下の現場の指揮官であり、従道は将兵の募集や首都の護衛に努めつつ、「器械」の側面を担当した。まず、この「器械」面の取り組みを見ていこう。

参議兼陸軍卿で参軍の山県有朋と参謀局長の鳥尾小弥太《とりおこやた》、陸軍大輔で陸軍卿代理の従道の間では、特に弾薬問題について、積極的に意見が交わされている。開戦当初から弾薬不足を懸念した山県に鳥尾は、一八七七年三月二〇日、弾薬は「僅々十日」を支える分しかないため、戦況が好転しなければ弾薬の補給が途切れる可能性があると伝えた。山県は、弾薬は浪費しないよう努めるが、今後の補給について体制を整える必要があり、海外からの購入や国内での増産をはかるべきだと述べ、各旅団に「弾薬を徒費《とひ》」しないよう指示し、各旅団長には、熊本城との開通後は弾薬の補給も回復するだろうとの見込みを伝えている（『征西戦記稿』第二四巻）。

この時点で、一日に製造できるのは四万発、貯蔵されている弾薬は一三三〇万発だった。山県は大久保と参議兼工部卿の伊藤博文、鳥尾に対して、インドに駐屯しているイギリス軍から弾薬を購入できないか、また香港や上海あたりからも着手してほしい、現時点の弾薬はあと一三、一四日で尽きると伝えた。

当時は京都に滞在中の明治天皇のもとに太政大臣・三条実美と内閣顧問・木戸孝允

（五月二六日に死去）、大阪に大久保利通と伊藤が、神戸に鳥尾、東京に右大臣・岩倉具視と参議兼大蔵卿・大隈重信、そして従道がいて、大久保と伊藤が他の指導者と連携しながら最終決済を担っていた。

伊藤は三月一九日、大久保に宛てた書簡で、山県が「徴兵幷《ならび》に器械弾薬充分に用意」する件は「東京西郷中将へ戦地より申遣候《もうしつかわしそうろう》」として、鳥尾にも熟考するよう伝えたと記している（『大久保利通文書』第八）。従道に課せられた役割分担の一端がうかがえよう。

陸軍卿代理への異論、払拭のために

従道が陸軍卿代理となったことについては、政府内でも異論があった。

木戸は三月一日の日記に、従道が陸軍卿代理であることについて、「隆盛の肉弟」であるため、その地位に就いたのは「余等《よら》の甚不喜《よろこばざる》ところ」であり、従道以外でも代理は務まるではないかと記している。四月二九日にも、自分は最初から従道を「軍事の重任」に就かせるのには反対だったと書いた（『木戸孝允日記』第三）。こうした疑念を晴らすためにも、従道は陸軍卿代理として実績を上げなければならなかった。

山県は四月二三日、従道に対して次のように指示した。弾薬の購入については砲兵本《ほん》廠《しょう》から清国に二六〇万発注文し、二週間以内には長崎と神戸に届くはずである。大蔵省も欧州に発注して三〇〇万発を確保し、一〇〇日以内に横浜に到着する予定だ。ただ、欧州で戦争が起きて「違約」があるかもしれないため、砲兵本廠で「後装銃」の弾薬を一日半で五〇〇万発製造させ、その他の小銃で一〇〇〇挺以上あるものは各小銃につき八〇〇万発の弾薬を備えられるようにと。

従道は翌二四日、今後の弾薬の到着予定を山県に伝え、まず五〇〇万発は六月一六日までに横浜に到着し、砲兵本廠からも明後日、六〇万発を神戸に送ると報告している。四月一三日の段階で、「後装銃」の二六〇万発が二〇日以内に、五〇〇万発が七〇日以内に、一〇〇〇万発が一〇〇日以内に中国から長崎に到達するとの情報が寄せられ、小銃一挺につき七、八〇〇発の弾薬を確保できる見通しが立っていた。

しかし、山県は五月九日、各旅団に弾薬の製造はまだ消費に追いついておらず、戦争がいつまで続くかわからないため、弾薬を「愛惜《あいせき》」するよう指示している。他方、一六日に従道は「後装銃」の弾薬は、今後三〇日を経れば砲兵本廠で一日二〇万発を生産できるとの見込みを山県に伝えている。

「後装銃」とは、政府軍の主力兵器となるスナイドル銃のことを指すが、こうした前線からの要望に、従道はどのように応えていったのか、さらに具体的な様相を確認しておきたい。

海軍からの譲渡

薩軍は艦艇を保有していなかったため海戦は起きようがなく、西南戦争の主役は、陸軍だった。従道は山県からの要請を待つまでもなく、銃器・弾薬の調達に動き、三月一七日には海軍少将の中牟田倉之助《なかむたくらのすけ》が従道に、海軍省所蔵の「ヘンリーマルチニー銃幷弾薬」を譲渡してほしいという陸軍側の要請に対し、川村の判断を仰いだうえで、とりあえず二五万発を用立てることになったと回答している。

「ヘンリーマルチニー銃」とは、マルティニ・ヘンリー銃と呼ばれるイギリスで採用された後装式・レバー作動方式の小銃で、一八七一年に実用に供されたばかりの新型兵器だった。

スナイドル銃の弾薬についても、四月九日、中牟田から従道に、予備品のうちから一〇〇万発を提供することが伝えられた。同日、砲兵を担当する陸軍省第三局長代理で陸軍大佐の原田一道《はらだいちどう》が従道に、「マルチニー銃」二五〇〇挺と弾薬一一九〇万発を海軍から譲り受け、砲兵支廠《ししょう》へと送付したいと申請し、許可された。

全国各地から銃の献納が相次ぎ、たとえば三月八日には、愛媛県の銃職人から銃器献納の申し出があったとして、大阪府から従道に指揮を仰ぐ上申が陸軍省に届いている。同日には新潟県、二三日には東京府、三一日には神奈川県、などから同様の申し出が相次ぎ、陸軍にとっては朗報となった。戊辰戦争から一〇年、まだ一般社会に銃器が多数眠っていたのである。ちなみに、神奈川で県の役人・渡瀬信衆が献納を申し出たのは、弾倉装塡式のライフル銃のスペンサー銃一挺と弾薬一〇五発で、南北戦争で北軍が採用したものだった。

銃器・弾薬の確保

もとより、海軍からの譲渡や民間からの献納だけで銃器・弾薬が充足できるはずもなく、陸軍ではその確保・増産に努めた。二月二五日、原田一道は、スナイドルの弾薬四五〇万発とスペンサー銃の弾薬五〇万発の確保を砲兵支廠に命じる達案を従道に上申し、決済を得ている。さらに原田はスナイドル銃三〇〇〇挺も砲兵支廠に送付するよう砲兵本廠に命じるべく従道に提案し、やはり決済された。

三月一四日、スナイドル銃八〇〇挺を砲兵本廠から支廠に送付したいと原田は従道に上申して許可され、二九日に陸軍少佐の長塚明徳は、スペンサー銃一〇〇〇挺と同弾薬五〇万発が納品されることになった旨、従道に伝えている。三一日には原田が従道に、ツンナール銃一三三〇挺と弾薬一九五万七〇〇〇発を砲兵本廠から支廠に送付したいと申請し、やはり許可された。ツンナール銃はドライゼ銃とも呼ばれ、プロイセン軍が採用していた小銃である。

四月六日、いずれもやや旧式となる、エンフィールド銃の弾薬一〇〇〇万発の製造費として一四万円、レカルツ銃の弾薬二〇〇万発の製造費二六〇〇円を支出したい旨、原田が従道に申し出て許可された。四月一一日にはレカルツ銃一〇〇〇挺と弾薬二六万発、スナイドル銃の弾薬六〇万発、四斤山砲の砲弾一万発を砲兵本廠から供給する旨を従道は達した。

海外からも銃器や弾薬を調達する必要があり、三月三一日には、原田が従道に、「拳銃 並《ならびに》 弾薬御買上」のために「洋銀千百三十六弗《ドル》二拾セント」を支払い、拳銃九五挺、弾薬一万発を確保したいと申請し、決済を受けている。四月一五日には、スイス製の前装式ライフルであるマンソー銃三三〇〇挺余りと弾薬製造器械三点を三万三七〇〇ドル余りで、「ハーブルブラント」なる外国人商人から買い入れている。

こうした取り組みだけでは不十分と感じたのであろう。五月二五日には、原田は陸軍大佐の福原実と連名で、スナイドル銃一万五〇〇〇挺、弾薬五〇〇万発を買い入れる必要があるとの意見具申を、従道に行っている。

ただ、海外との取引は、予算の限界もあってトラブルを引き起こしていた。戦後となるが一〇月二二日に原田は従道に、イギリスに注文したスナイドル銃の弾薬が横浜に到着した際、「請取高不足」に陥り、大蔵省に照会していると報告している。

商人との取引

薩軍の敗走が続くなかでも、従道は予算と銃器・弾薬の確保に奔走していた。六月五日、スペンサー銃の弾薬四一九万発を洋銀九万二一八〇ドルでスイスの商人「ハアブル」から買い付け、一一日にはやはり「ハアブル」との間で、スペンサー銃の弾薬四一九万発を九万二一八〇メキシコドルで購入する契約を結ぶ。二九日には、スイス製のマンリリウ後装銃の弾薬二〇〇万発の製造費二万六〇〇〇円余りを確保した。

西南戦争中、各部隊では、旧式兵器から新式兵器への切り換えが進められていた。二月二六日には従道が、エンフィールド銃を装備していた東京鎮台第一後備軍に、スナイドル銃に交換する旨を達している。一方、戦局が落ち着いて除隊が見込まれるようになった六月五日には、砲兵支廠の関迪教・陸軍中佐はスペンサー銃は「帰兵所用過当の銃」ではないとして、ツンナール銃に交換するよう、従道に意見具申した。

台湾出兵で従道に従った大倉喜八郎は、西南戦争でも武器調達の役割を果たしていた。七月二三日には大倉組と陸軍本廠とが契約を結び、大倉組がスナイドル銃三〇〇〇挺を砲兵本廠の求めに応じて買い入れること、契約から九〇日以内に納品すること、納品できなければ代金は支払わないこと、代金は一挺につき一三ドルとすることなどが取り決められ、購入するスナイドル銃の様式が詳細に定められている。

銃器・弾薬の材料となる金属の確保も必要だった。

三月二二日には原田一道が従道に、「小銃実砲用」の銅や真鍮《しんちゅう》、延鈑《のべいた》（金属をのばした板）は砲兵本廠では製造できないため、欧州へ注文したものの届いておらず、「至急の需」に応じることができず「甚《はなはだ》不都合」であるため、「延鈑製造器械」一式を買い上げてはどうかと提案し、許可された。

この間の四月四日、従道は大久保に書簡を送り、「兵員繰出《くりだし》」と「弾薬」などについて参軍から次々と来信があるため、「弾薬購求の儀」はすでに「諸方」へ着手し、清国から買い付けた分は長崎に到着するので安心してほしい、と伝えている（『大久保利通関係文書』第三巻）。その取り組みの具体的な内容は、右のようなものだった。

薩軍側が外国から弾薬を輸入しているのではないか、という点も従道は警戒していた。五月二七日に従道は大隈と寺島に電報を打ち、薩軍が「我堡塁《わがほるい》」に打ち込んだ砲丸が「フロイス国製のアルムストロング」で、薩軍がこれを所有しているはずがなく、宮崎から四国か大阪に使者を出し、弾薬を調達しているのではないかとして、「四国其他《そのた》取締り方」を厳重にしてほしいと依頼している（『大隈重信関係文書』第五巻）。武器・弾薬で優位に立ち続けることは、この戦争目的そのものに関わるものだった。

非常費の支出

実は西南戦争開戦間もなくの二月二五日、早くも前線の巡査から弾薬が不足しているとして、一〇万発を譲渡してほしいとの要請が、大警視の川路から従道に寄せられている。

すぐに弾薬は調達されなかったようで、四月四日、内務卿代理の前島密《ひそか》は従道に、太政官の決済を得て、「非常用」としてエンフィールド銃の弾薬三〇万発を陸軍省火薬庫から警視局に移す措置を通知している。前線からの要請は緊急を要し、三月二日には、「予備弾薬」を収めた「分配嚢《のう》八百個」を本営に送付する旨、原田一道が従道に進言して、許可されていた。

非常費の問題も銃器・弾薬の支給を圧迫していた。

六月一一日には関迪教から従道に対し、今回の征討に際して「兵器弾薬製造修理」にあたっているが、「諸般の費用」がかさんで、すでに予算を「払尽」したとして追加の非常費を下付するよう要請があり、従道は何とかこれを工面している。

陸軍省は六月二五日に非常費の支出を閣議に諮り、二七日に決裁されて、大蔵省から受け取るよう指令があり、大蔵省には「非常予備金」から支出するよう指示があった。その後も陸軍省は非常費の支出を求め続け、内閣がこれに応じる構図が続いた。

特に想定外だったのは戦傷者の治療費だったようである。

三月一九日には一等軍医の石黒忠悳《いしぐろただのり》から従道に、「医官不足」して「病院医員御雇《おやとい》給料其外《そのほか》」の費用がかかるとして非常費の支出要請があり、四月六日には軍医総監・松本順が従道に三〇〇〇円の非常費を求めている。その理由として「戦地負傷者大阪え御輸送」する際の「病衣類」が不足しているためとしていた。二七日には軍医監の石井良信が従道に、さらに三〇〇〇円の非常費支出を要請しているが、それも「夥多《かた》の治療器械」などが必要となったためである。

不平士族の警戒

従道はこうした自らの任務を遂行しながら、全国各地の士族の不穏な動きを警戒し、同時に士族のなかから兵隊を募る困難な任務にあたっていた。

とりわけ不穏な士族として警戒をしたのが、板垣退助率いる高知の立志社である。

一八七七年五月二〇日に山県に宛てた書簡で従道は、薩軍と連動した挙兵が疑われる立志社が活動する高知に、北村重頼・陸軍中佐などを派遣したと記している。北村は板垣と会って「種々弁論」し、板垣の「内意」を探ったという。板垣は「名義」を唱えて「西南近況」を説き、北村と「激論」に及んだため、北村は、もし板垣が「無名の兵」を起こせば、自分が命をかけてこれを討伐すると述べた。従道は立志社が挙兵するのではないかと観察し、すでに立志社が薩軍側に使者を送ったようなので、注意するよう北村に指示したと山県に伝えている（「谷干城関係文書」）。

立志社が薩軍に使者を送っていたのは事実である。五月中旬に村松政克と藤好静が桐野のもとを訪れ、挙兵のタイミングについて相談している。熊本城開通によって板垣は隆盛に与《くみ》しての挙兵計画を放棄したものの、それ以前は立志社の挙兵論を支持しており、北村が面会した段階は、ちょうどその転換期にあった。従道は五月二八日付で同郷の五《ご》代友厚《だいともあつ》に宛てた書簡で、「高知県下」の情報として、板垣が「暴論を主張」しているが、「一戦」を交えようとしてはおらず、「追々」着手するつもりだと記している（「五代友厚関係文書」）。

板垣退助

山県は六月一九日に従道に宛てた書簡で、四国の情勢は承知しており、立志社が政府を罵倒《ばとう》し、官吏を誹謗《ひぼう》する傾向に懸念を示している。高知県下に「一学校」が設けられて「成年輩」を受け入れ、「高知の兵営」から武器を借用したいと申し出たとして、「四州の情態」が変動するようなら「急報」してほしいと伝えていた（「西郷従道家書翰帖」）。

政府は立志社への対応に実際「着手」する。北村は高知にあった銃器や弾薬を大阪に移送、村松と藤好を逮捕した。ただ、立志社は挙兵路線から言論路線に転換し、演説や教育、建白、言論活動に力を入れていった。

旧庄内藩士族の問題

従道が気を配っていたのは、立志社だけではない。薩摩閥の山形県令・三島通庸は三月二一日に従道に宛てた書簡で、「旧庄内藩士族数名」を呼び出して「相糺《ただ》し」たところ、「方向」を誤らないと申し出たとして、「万一の儀」に備えて巡査や探偵を配置すると記している（「西郷従道家書翰帖」）。

陸軍は士族から巡査を募集していたが、旧庄内藩は戊辰戦争時に隆盛から寛大な処分を受けたことから、隆盛を慕う士族が多かった。そのため政府軍に参加するにあたっては、事前に反逆の意志がないか確認しておく必要があった。

これに対して従道は、四月八日に三島に返事を出し、今回募集に応じた「庄内士族の内強壮の者」は、国家が危機に瀕している今日、軍役などに従事することになると述べたうえで、「庄内士族の事情」については自分も直接確認したわけではないため、今後気がつくことがあれば「処分」してほしいと伝えている。また従道は、巡査を募集するからといって、「西国征軍の不利」というわけでは決してなく、「最早不日平定《もはやふじつへいてい》の目途《めど》」は立っているとの感触を伝え、巡査は東京の予備兵に充てるので戦局には心配はいらない、「緩急の節」に臨機応変に兵隊に組み込むだけだと説明を加えた（「三島通庸関係文書」）。

実際のところ、巡査名義で募兵して兵士を前線に送るのは、戦局を悲観的に見据えた黒田清隆からの切実な要請であったことは、すでに述べた通りである。従道はそれに応じて募兵していた。ただ、旧庄内藩士族を警戒していたのは三島だけではなかった。岩倉も四月二六日に大隈に宛てた書簡で、この日に京の行在所に従道が参向すると伝えたうえで、庄内に「万一」のことがあれば、旧米沢藩士を「招募」し、旧会津藩士にも「奮発」してもらう必要がある旨を従道に「依頼」してあると述べている（『岩倉具視関係文書』第七）。

士族からの壮兵募集については大久保も協力しており、六月一一日、大久保は従道に宛てた書簡で、因州（因幡《いなば》。現・鳥取県東部）士族の今井鉄太郎が従道のもとを訪れるとして、同士族五、六〇〇名ほどが徴募に応じる模様で、彼らは「王事」に「尽力」しようとしていると伝えた。従道は一三日、大久保と伊藤に「因備〔因幡・備前〕両国壮兵の義」についての書簡を返し、因州士族の内部事情を詳しく伝えながら、「四国の挙動」に備えて壮兵を募集するか判断すべきだと述べている（『大久保利通文書』第八）。立志社の挙動を警戒しての対応だった。

結局、庄内で募集した士族が寝返るようなことはなく、士族からの徴募巡査は前線で貴重な戦力として機能する。

3　終戦後の謹慎――イタリア在勤命令と大久保利通暗殺

終戦と謹慎

従道は西南戦争の末期に、政府軍を慰問するため九州に出張している。それから帰京してまもない九月二四日、隆盛が死に西南戦争が終わった。大久保利通からその報を書簡で受け取った従道の様子については、清子の回想を先に述べたが（「西郷従道侯未亡人清子氏談」）、別の資料では清子は次のように回顧している。「その報を聞いて役所から帰られた夕刻は、家の中に入らず庭に佇《たたず》んで長い間天を仰ぎ見ておられたのでその様子から私は南洲様が亡くなられたのがわかりました」（『元帥西郷従道伝』）。

かつての「信吾」は、隆盛の庇護《ひご》と協力を得ながら「従道」へと脱皮したが、いまや完全に兄と離別して自立しなければならなくなった。次の「道」を追い求めて行くまでには、しばらく感慨に浸り、涙を流す時間を持たなければならない。

この間、大久保が従道のもとを何度も訪れてイタリア公使に就任するよう説得していた。その大久保が西南戦争の翌一八七八年五月一四日、暗殺される。このことで赴任が中止になったことは、すでに述べた。従道はこのときも泣き暮らしたが、大久保暗殺から約二ヵ月後の七月二二日にイギリスに駐在していた外交官・上野景範に宛てた書簡で、従道は次のように述べている。

自分はイタリア在勤を命じられ、五月二九日に横浜を出発する予定で、久々に欧州で会えるのを楽しみにしていた。だが、「大久保君の変事《へんじ》」が起こって「驚愕歎惜《きょうがくたんせき》」に堪えない事態となり、出発は中止となった。多忙に紛れて連絡が遅くなってしまったが、国内情勢は「静寧《せいねい》」であり、西南戦争に際して立志社が蹶起を企てた「高知県不穏との浮説」もあるが、「妄説」であって少年たちが演説をしているにすぎない（「上野景範関係文書」）。

西南戦争後、隆盛の死を受けて従道は謹慎していたが、一八七七年一〇月三日に明治天皇から侍従が派遣され、出勤するよう命じられた。その後、大久保の死を受けて、従道は再び筆も執れない状態になったと思われる。だが、二ヵ月を経たこの頃になって、ようやく前を向き始めていた。その際、気に懸けたのは国内情勢、とりわけ不平士族の動向だった。立志社は落ち着いているが、「国家」の秩序を乱し、個人の運命や感情さえ踏みにじってしまう内乱を、再び起こさせてはならない。従道はそう感じ、そう信じていた。

招魂

明治天皇から出勤を命じられて以降、一八七七年一一月二六日、従道は陸軍卿代理を免じられ、近衛都督に任じられた。一二月六日には、西南戦争での勲功によって、年金七四〇円を下賜《かし》されている。

一八七八年四月一八日、これまで触れてきたように特命全権公使としてイタリアに在勤することが命じられるが、大久保の暗殺によって派遣が中止、五月二四日に公使の職を解かれ、同日付で参議兼文部卿に就任。九月一二日には陸軍卿を兼務したが、一一月八日に解除され、一二月二四日に文部卿を離任、そして参議兼陸軍卿に就任した。以後、一八八〇年二月二八日まで従道は陸軍省のトップを務めた。

この間、従道が熱心に取り組んだのは、台湾出兵のときと同様、西南戦争での戦死者の靖国神社への合祀である。

西南戦争を経て、東京招魂社は一八七九年六月に靖国神社と改称される。従道はその前月三日、「招魂社」では一時的に祭典を執り行って「天の霊魂《れいこん》を招き神饌《しんせん》の供《きょう》を享《う》けしむるの場所」しか意味せず、「永世《えいせい》不易《ふえき》の社号」ではないため適当な社号を検討してほしい、と三条に依頼していた（『明治軍事史―明治天皇御伝記史料』上）。

靖国神社と改称されると、従道はこの旨を周知する通達を出し、海軍省との間で六月二五日に開催される臨時祭典について打ち合わせを重ね、一四日に参議兼内務卿の伊藤、参議兼海軍卿の川村とともに、臨時祭典の開催と、今後五月六日と一一月六日を祭日とすることを告示した。一一月六日の例大祭にあたっては、まず勅使が祭文を読み上げ、続いて陸海軍卿が拝礼して玉串を捧げて、その後神官が拝礼するといった祭式が定められた。

東京招魂社の時代から、招魂祭の際に花火や競馬、相撲、奏楽《そうがく》を奉納するなど、従道は神域の整備に努めていた。西南戦争終結後の一八七七年一一月一四日に、西南戦争の戦死者の招魂祭が執行されたが、官吏や学校の生徒を休業にして参拝を促したのも従道である。

「賊軍」だった隆盛や薩軍の将兵は、靖国神社には祭られておらず、あくまで「官軍」の勝利を讃え、そのために犠牲となった戦死者を祭神とするのが同神社だった。台湾出兵の際の牡丹社と出征軍との関係も同様である。それは、従道自身がとってきた態度と、それに従ってきた部下たちの正統性を可視化するものであり、迷いに満ちた自らの来歴を正統なものとして残していく営みにほかならなかった。

竹橋事件

一八七八年五月一八日、大久保の葬儀翌日に、参議兼陸軍卿で近衛都督の山県は従道と陸軍省第一局長の大山巌を呼んで、陸軍の強化について協議し、軍の組織をいかに近代化・独立させ、将卒の忠誠心を高めるかを議論した。

その約三ヵ月後の八月二三日、近衛兵の反乱事件である竹橋事件が勃発する。士族出身のエリート集団だった近衛兵は、西南戦争で勇敢に戦って功績があったにもかかわらず、論功行賞に恵まれなかったため不満を抱いていた。そのうえ官吏の給与削減の煽《あお》りを受けて、一般兵との給与の差額が減ったことで、さらに不満を増幅させる。

近衛兵の間で蹶起計画が練られて、近衛砲兵隊の兵卒が蜂起《ほうき》、天皇に強訴《ごうそ》しようとして失敗したが、止めに駆けつけた大隊長の宇都宮茂敏・陸軍少佐と週番士官の深沢巳吉・陸軍大尉を射殺した。反乱はすぐに鎮圧されたが、五三名が死刑に処せられている。

事件を受けて一〇月一二日、山県は「軍人訓誡」を発表した。西周《にしあまね》が起草したもので、天皇や武官、文官、平民への取るべき礼儀や、軍人と警察官の仕務の違い、規則・指令の遵守《じゅんしゅ》、政治への不関与、軍隊における上司・部下関係などについて説いたものである。

参謀局拡張の主張

なお、西南戦争時、陸軍省内に参謀局が設けられていた。だが、戦争後、軍政と軍令を分離するドイツにならって軍令の独立を目指した山県により、一八七八年一二月に参謀本部が設置される。

従道も陸軍卿兼任にあたって参謀局の拡張を建議しており、陸軍省の事務を「政令」

と「軍令」に分けて、後者は参謀局の担当で、陸軍の制度・節度、軍略・兵略、機務・密謀を扱い、平時には地理などを、戦時には作戦を担うが、参謀局の規模はいまだ「狭小《きょうしょう》」であり、その事務を振張できていないと述べている。そこで従道は、参謀局の予算を増加させて、その規模を拡張し、「軍令・政令の権衡を平均」させるよう説いた（『明治天皇紀』第四）。

西南戦争における参謀局長・鳥尾の役割については、先に少し触れたが、兵力の増援や物資の補充、さらに壮兵の徴募や医務といった領域にも及んでおり、従道の建議はこうした実態を踏まえて、同局を拡充してさらに適切に機能させ、将来に起こり得る、より大きな戦争に備えたものである。鳥尾は当時、西南戦争での褒賞などに不満を感じて辞意を漏らしており、従道の参謀局の拡張案には鳥尾の辞意撤回という期待も込めていたと言われている。

従道の建議は内閣中枢の同意を得て、参謀局の予算が増額され、これを独立させて参謀本部とすることになった。参謀本部が発足すると、山県が参議兼陸軍卿から参議兼参謀本部長に、従道が参議兼文部卿から参議兼陸軍卿に転じた。参謀本部次長は大山である。

従道はさらに一八七九年五月、大山、川村とともに、統帥権の独立に関する建議も、次のようにしている。

参謀本部が設置されて陸軍の体面が具備されつつあるが、「国運隆盛」は「天皇の威徳」によるものであり、軍事上は「天皇自ら大元帥」として、「兵馬の権一《けんいち》に親裁《しんさい》」する必要があるという。欧州各国の宮廷では、侍従武官を置くのが通例であり、日本でも参謀本部が設けられて帷幄《いあく》（天皇の陣営の意）に参加する制度ができた以上、侍従武官を設けて軍事親裁を実現すべきである。

「全軍士気」の「興廃《こうはい》」は「天皇」に依存しており、天皇による閲兵《えっぺい》や演習への臨御《りんぎょ》、参謀本部長や陸軍卿の拝謁などが必要だとして、軍事に関する際、大皇は「陸軍大将の制服」を着用していただきたいなどと従道らは求めた（同前）。

実際、従道が陸軍卿に在任中、習志野《ならしの》（千葉県）と下津原《しもつはら》（栃木県）での演習に行幸《ぎょうこう》・天覧《てんらん》があり、日比谷練兵場への臨幸《りんこう》もあった。この間、従道が靖国神社の命名と整備に努めたことは、すでに述べた通りである。

フランス式からドイツ式へ

日本陸軍は当初、フランスをモデルとしていたが、一八七〇〜七一年の普仏戦争におけるドイツ勝利の結果を踏まえて、八三年にドイツ式に転換、参議兼陸軍卿の大山と桂太郎大佐などの使節団がドイツに渡って、ドイツ陸軍のクレメンス・W・J・メッケル少佐を陸軍大学校に招聘《しょうへい》することとなった。メッケルの着任は一八八五年三月、以後、陸軍に大きな影響を与え、そのドイツ化を促進していくことになる。

メッケルの招聘は、フランスの反発を買った。従道は一八八四年四月七日に渡欧中の大山に宛てた書簡で、「仏国公使館附ブーゴアン」と面会したところ、ドイツ陸軍から士官を雇用することについて、「如何《いかが》の都合なるや」と問われ、陸軍大学校の教師として招聘するという大山の意向を伝えると、フランス政府が日本に派遣している士官を引き揚げることになるかもしれない、と警告されたという。

従道は、それはもってのほかと述べたが、フランス政府はドイツ軍士官の採用を強く懸念し、日本人生徒のフランス留学を拒否する意向も示した。そのため従道は大山に、このままでは「不容易儀《ふよういのぎ》と懸念」すると伝えた（「大山巌関係文書」）。

大山が渡欧して不在のため、このときは従道が陸軍卿代理の立場だった。「ブーゴアン」とは、駐日フランス公使館付武官のアレキサンドル・Ｅ・ブーゴアン大尉である。四月一一日付の大山宛書簡で従道は、さらにこの問題でブーゴアンから次のように言われたと記している。

フランス政府は、これまで日本陸軍が「仏国《フランス》の制」に従って組織され、士官学校も「仏国の法」で生徒を養成し、そこから選抜した者を陸軍大学校の学生としてきた。陸軍大学校での教育をドイツ人士官に委ねることは、これまで「仏国士官の力を尽したる」ことを無に帰する。「仏国の法」で教育された者が途中から「独乙国《ドイツ》之教師」に学ぶと、「其《その》利少く其害多き」は想像に難くない。ゆえに、ドイツ人士官を採用することには反対だという。

従道は、日本は維新後まだ日が浅く、「万般《ばんぱん》の基礎」がいまだ確立されていないため、「文明各国の良制」を採用して基礎を固める段階にあり、フランスやドイツといった特定の国に拠《よ》らず、その「良制」を採択すべく、大山が欧州各国を巡回している。今回の件も「仏国の良法」を放棄して「独乙国に慣う」わけではないと反論した。が、ブーゴアンはあくまでドイツ人士官の採用反対を主張した。別れ際にブーゴアンは、これは公使からの命ではなく、個人的見解に過ぎず、従道と「平常格別御懇親」が厚いため、自分の判断で意見を述べたに過ぎない、と語っている（同前）。

従道自身はフランスを視察し、普仏戦争に際してもフランスを推していたことは、前章で述べた通りである。ブーゴアンと親しかったのも、そうした経験によるものであろう。日本の国家建設にあたって、「文明各国の良制」を採用し、特定のモデル国には準拠せず、陸軍はフランスの「良法」を廃棄するわけではないというのは本音だろう。だが、それは同時に、大山がドイツに傾斜していくことに対する懸念の表明でもあった。こうしたブーゴアンの言葉を主体に自らのメッセージを大山に伝えるあたりが、従道なりの配慮だったと言えよう。文明国の諸要素を、欧米各国からバランスよく摂取していくこと、それも従道の「維新」観、「国家」観を支えていた。

なお、この頃には徴兵令についても、従道は大山陸軍卿と意見を交わしている。徴兵令では、一家の主人や官庁勤務者、二七〇円の「代人料」を支払った者などの兵役が免除され、軍は定員の確保に難儀していた。一八八三年九月五日、大山は従道に宛てて、「徴兵代人料の一条」に緊急対処しなければ「甚《はなは》だ困却《こんきゃく》」すると述べ、「治罪法一件」について言及している（黎明館所蔵）。

この年の一二月に徴兵令が改正されて、代人料は廃止された。治罪法は刑事手続を規定したものだが、前年一月に施行されており、徴兵回避問題が訴訟に発展した場合に、同法の運用を想定していたのであろう。従道が徴兵令制定に関与したのは前章で見た通りだが、この頃も大山との信頼関係を基盤にその運用に関わっていた。

4　文部・農商務行政の時代

文部行政

やや時間をさかのぼろう。参謀局の拡充を建議したとき、従道はすでに参議兼文部卿（一八七八年五月就任）に転じている。文部行政には素人であることを自覚し、実務は田《た》中《なか》不《ふ》二《じ》麿《まろ》や箕作麟祥《みつくりりんしょう》、神田孝平《かんだたかひら》といった官僚に任せていたが、一八七九年一月の東京学士会院の設立には関与した。

西洋のアカデミーを模範とした機関を設立したいと考えた田中不二麿などの意見に基づき、福沢諭吉や箕作秋坪《みつくりしゅうへい》、中村正直《なかむらまさなお》、津田真道《つだまみち》、神田孝平、加藤弘之《かとうひろゆき》、西周といった指導的学者が集められた。

設立に先立つ一八七八年一二月、従道は福沢、箕作秋坪、中村、津田、神田、加藤、

西に、教育の針路を示して学術技芸を発展させるためには、学士会院を設けるほかないと語り、東京学士会院規則大意と選挙法案を示して意見を問うた。規則は冒頭で、本院は文部省が設立し、教育について議して学術技芸を討論する所だと規定している。

会員の選挙法案は、文部卿が会員七名を選挙し、この七名がさらに七名を選挙して、この一四名がまた若干名を選挙する、としており、参加者全員はこの二つを熟読して賛同したという。福沢らの七名を選んだのは従道、ということになる。翌月の第一回の会合で選挙が行われ、福沢が最多得票を得て会長に当選した（「東京学士会院紀事」『日本学士院八十年史』第二）。

以後の議論は会員のみで進められ、従道は文部卿を離任したため参加していないが、日本学士院の前身である東京学士会院の発足にあたって、従道は少なからぬ役割を果たしたわけである。なお、軍との関係もあってか、従道は西周と交遊があり、年は不明ながら、西に宛てて「明十三日何も御差支《おさしつかえ》無之《これなき》候《そうら》はば、御寛話《ごかんわ》も致度《いたしたく》」などと呼びかける書簡を送っている（「西周関係文書」）。従道は福沢も、「全く先輩視」して、これを重んじていたという（『西郷従道』）。

中公新書『西郷従道――維新革命を追求した最強の「弟」』

お詫びと訂正

本書の本扉の著者名に誤りがありました。
正しくは「小川原正道」です。
謹んでお詫び申し上げ、左記の通り訂正いたします。

著者・小笠原正道　誤

小川原正道　正

中公新書編集部

明治一四年の政変

一八八一年七月二一日、参議兼開拓長官の黒田清隆は、開拓使の土地、建物、船舶などの官有物を民間に払い下げたい旨を提案して、認められた。払い下げ先は、開拓使の官吏らが組織した北海社や薩摩出身の五代友厚の関西貿易社だったが、これが新聞にリークされ、税金で作られた官有物を関西貿易社に安価で払い下げることなどが、厳しく批判される。

政府内では、これは三菱や福沢諭吉、参議の大隈重信による陰謀との観測が広がり、大隈の立憲政体に対する意見書が急進的との反発を受けていたこともあって、大隈追放の動きが加速する。一〇月一二日には大隈が辞職、払い下げの中止が発表され、一八九〇年には議会を設けるという国会開設の勅諭が出された。明治一四年の政変である。

大隈重信

この間の八月二一日、地方巡幸中の天皇に供奉《ぐぶ》していた黒田は、滞在先の小樽から従道と川村の両参議に長文の書簡を送っている。黒田はここで、「開拓使を非難」

する声を「言語道断」と批判し、福沢門下生が運動の煽動《せんどう》に加担し、三菱が金を使って「奸策《かんさく》」をめぐらせていると警戒する。さらに、払い下げ問題が自分一人の「罪」で済めばよいが、さらに「一大難題」に発展する可能性がある、と明治政府全体の危機という認識を示した。

新聞の黒田批判も三菱の「奸策」であり、大隈は三菱を後ろ盾に福沢を「顧問」として後藤象二郎や板垣退助らと内通し、人望を得ようと画策しているとした。黒田は、伊藤博文、井上馨と打ち合わせて、「奸策」を「征伐」するのが「邦家の為」に緊要だと力説する。さらに、大隈が「明治政府の大害物」となるのを防ぐべきだとする黒田は、大隈が北海道航路を独占しようとする三菱と通じ、民権派や新聞記者を取り込んで「謀反」を起こそうとしていると強調した。

黒田は、大隈の「奸策」に陥らないよう注意を促し、「断然御神策《ごしんさく》」を取るよう要請した。さらに三条実美を動揺させず、岩倉具視や有栖川宮も三菱らの「術中」に陥らないようにすることが「邦家の為」であると付け加えている（「憲政史料室収集文書」）。

従道は黒田の説く三菱・大隈・福沢陰謀論を信じ、大隈の排除が「邦家の為」と信じたのであろう。大隈排除に賛同する動きを見せ、伊藤に同行して大隈に辞職を勧告、これを受け入れさせている。黒田はこの書簡で従道と川村に、大山や樺山資紀、松方正義、寺島宗則との連携も促しているが、払い下げ問題は国家の危機、明治政府の危機であると同時に、薩摩閥の危機であり、黒田は大久保亡き後の藩閥内の結束を図ろうとしたと考えられる。

農商務行政

一八八一年一〇月二〇日、従道は参議兼農商務卿に任じられた。就任前から松野《まつの》礀《かん》が推進していた山林学校の設立に賛意を示した従道は、西ヶ原の学校開設予定地を視察するなど支援し、一八八二年一二月に東京山林学校が開設されると、松野が校長となった。

就任後には、ライバル関係にあった郵便汽船三菱会社と共同運輸会社が激しい競争を展開したため、従道は両社の役員を招いて、相互競争の弊害を指摘し、協約を締結させて敵対的競争をやめさせた。しかし、すぐに協約が破綻したため、従道は両社に協議させ、一八八五年一〇月、両社が合併して日本郵船会社が設立される。

三菱側としては政府に押し切られた形で、従道も三菱は政府に抵抗する国賊だと放言したとされるが、当時、政府は旧自由党勢力と連携して、立憲改進党の後ろ盾となっている三菱を攻撃しようと画策していたとも言われる。従道の政治家としての面貌《めんぼう》が、姿を現しつつあった。

従道が農商務卿在任中の一八八二年、天候不順によって全国的に凶作となり、米価が下落したこともあって生活困窮者が続出した。従道は実態を調査させたうえで、地方官庁に経費を節約させる。天皇も各官庁に農商務省にならって節約するよう内意を伝達した。

池田忠五郎編『新内閣大臣列伝』によれば、一八八五年に「全国尽《ことごと》く飢餓に迫」った際も、従道は書記官を全国に派遣して視察させ、「衆」に先んじて自ら財を拠出し、「窮民焦眉《きゅうみんしょうび》の急」を救おうとしたものの実施にはいたらず、天候が回復したことで困窮していた民は飢餓状態を脱したという。

北海道と那須野が原の開拓

一八八二年の六月の終わりから七月のはじめにかけて、農商務卿だった従道は北海道の視察に赴いた。そこから農商務大輔の品川弥二郎《しながわやじろう》に宛てた六月二六日付と七月六日付の二通の書簡が残っている。

ここで従道は、品川から船で函館に着き、「桔梗野綿羊場」や「七重試験場」、「大野養蚕の景況」を巡視した後、税関、病院、学校や裁判所、公園などを視て回り、「岩内石炭山」を視察して札幌に到着。さらに、県庁、裁判所、陸運改良掛や紡績工場、製鉄所、ビール・ワイン工場、病院、学校、博物館、牧場などを精力的に視察した（『品川弥二郎関係文書』四）。

この視察を踏まえて、従道は九月、三条に建議書を提出した。ここで従道は、旧開拓使は「農民の収穫物」を買い取り、資金を貸与し、米と交換するなどの「保護」を加えて産業を奨励していたが、いまこの方法を廃止して「居民」に自ら収穫物を転売させる政策には無理があるとして、従来の奨励策を継承すべきだと述べている。

港湾など、交通インフラの整備の重要性を説く従道は、根室は居留民が多く海産物が豊富だが農業は盛んでないため、今後は農業を奨励すべきとするなど、北海道各地の現状とこれに対する支援策を訴え、「北海道全道を観察」して実情を見てきたうえでの意見だと結論した（黎明館所蔵）。

従道は一八八三年一月、参議兼工部卿の佐佐木高行《ささきたかゆき》、参議兼内務卿の山田顕義と連名で三条に「北海道諸事業維持方法建議」を提出し、開拓使が廃止されて、その事業が農商務省と工部省に移管されたものの、経費を減殺されて事業が停滞し困難を来している として、「殖民上の鴻益《こうえき》」を施して、「維新以来の盛業貫徹」するための経費と、これを運用する管理局の設置を求めた（同前）。

この二ヵ月後の三月一〇日、従道は参議の大木喬任《おおきたかとう》に「水産博覧会」の「優待券」を送付して招待し、六月一九日には「駒場農学校」での学位授与式にも大木を招待して「農具運用」の実演を「一覧」してほしいと促している（「大木喬任関係文書」）。同校はこの後、先述の東京山林学校と合併して東京農林学校となり、帝国大学農科大学、現在の東京大学農学部へと発展していく。

翌一八八四年一二月一四日、従道は農商務省で作成中だった全一七冊に及ぶ「興業意見」を内々に大木に進呈した。大木に対してはこの頃、同省農務局所管の養殖試験所で育てた牡蠣《かき》を届け、ご賞味いただきたいと願い出ている（同前）。

さらに、一八八五年六月に従道は、参議兼内務卿の山県とともに北海道への拓地殖民の振興のため、鉄道を増設して運輸交通の便をはかるべきだと三条に上申した。

一八八一年から、緊縮財政を柱とする松方デフレが進められており、従道の積極的な殖産興業政策は、大蔵省との対立を招くことになった。従道のもと、農商務大書記官の前田正名《まさな》が強力な国家建設のための農工業発展を提唱し、地方の実態調査と政策立案が進められて、大木に提出されることになる意見もまとめられたが、大蔵省の強い抵抗を受けて修正を迫られる。従道は経費節減などの省内改革によって勧業費を捻出しようと試み、欧州をモデルとした行政機構改革の早期実現をも見据えていたが、勧業行政を担う内務省などから反発を買った。

一八八四年一二月四日に朝鮮で親日派によるクーデターが発生すると、伊藤と従道はその事後処理のために清に赴き、改革は停滞する。従道の帰国後、農商務省内部で反前田派が形成され、従道に経費節減を改めるよう意見が出されるなど、省内は混乱、改革も中止を迫られるなか、従道は翌一八八五年の内閣制度発足にともなって海軍大臣に転じた。

この間、農商務大輔の品川に宛てた一八八四年一二月一四日付の書簡で従道は、地方を視察して回った品川を労《ねぎら》ったうえで、帰路の三重県と愛知県には「開墾場」など「御《ご》巡視《じゅんし》」すべき場所が多くあるとして、共同運輸会社問題に対応しながら、ぜひ両県を巡回してほしいと述べている（『品川弥二郎関係文書』四）。現地視察への従道の思い入れ、また、当時抱えていた仕事の一端がうかがえよう。

詳しくは第5章で論じるが、従道は大山巌とともに那須野が原（栃木県）の開墾に従事し、疏水《そすい》を開鑿《かいさく》するとともに、アメリカをモデルとした農場を営んで入植事業を推進した。年は不明ながら、四月二日に従道が大山と連名で前田に宛てた書簡がある。ここで彼らは「那須野原開墾地追々着手」しているため、一度視に行ってほしいとして、明日上野発の始発に乗るので同行して、現地に一泊するよう求めている（「憲政資料室収集文書」）。あえて宛名に農商務省と書いており、農商務卿としての公務と那須野の開墾とが、深く連関していたことがうかがえる。

従道にとっての開墾は、台湾での殖民事業や隆盛の吉野開墾社の延長線上にあった。軍事とは異なる形での「維新大業」と「国家」形成を実現する営為にほかならない。北海道の開拓や殖民事業、殖産興業事業もその一環である。

隆盛と大久保を喪《うしな》った深い悲しみから再起した従道は、一八八〇年代半ばまでに「維新」と「国家」の担い手として、その構想と地位をたしかなものにしつつあった。

第3章 日本海軍建設と日清戦争

1　陸軍将官から初代海相就任――海軍の整備と増強

黎明期の海軍

明治政府が発足したとき、政府側には海軍も艦艇も存在しなかった。そのため、各藩から豊瑞丸、孟春丸、雄飛丸といった艦艇を拠出させて部隊を編成した。その後も各藩の艦艇を加えて、一八六八年（慶応四）三月二六日に初めての観艦式が催される。

こののち健在だった旧幕府海軍は榎本武揚が箱館へと脱走。一八六九年三月に新政府は箱館に艦艇を派遣し、五稜郭を陥落させて榎本軍は降伏する。この時期、従道が出仕した兵部省は、各藩から献納された艦艇などで徐々に海軍を増強していたが、一八七一年の廃藩置県によって、各藩の所有艦艇がすべて兵部省の所管となった。

徴兵令が発布されたのは一八七三年一月だが、海軍は専門性が高いことから志願兵制度を軸とした。一八八七年以降は徴兵制を採用するが、日露戦争当時まで主力は志願兵だった。そうしたなか、士官を養成するために一八七〇年に兵学寮を開設、従道が目をかけ、のちに首相となる薩摩出身の山本権兵衛はその一期生だった。そして、一八七六年に同寮は海軍兵学校と改称される。

海外の知識を摂取すべく、一八七〇年から英米などに留学生が派遣され、一九〇七年までの間に、その総数は一五〇名にのぼった。西洋から教師や技術者も招聘され、明治期だけで九八名が日本に赴任したが、ほとんどがイギリス人で、明治海軍が英国を模範としたことを象徴している。なお、当初の仮想敵国はロシアであった。

軍艦の建造は財政の制約によってなかなか実現しなかったが、国内での建造も開始される。台湾出兵を受けて、日清開戦の危機が高まったためである。一八八二年七月に朝鮮で壬午事変、一八八四年一二月には甲申事変と日清両国を巻き込んだ朝鮮政府内の政変が起きる。この間の一八八二年一二月、川村純義・参議兼海軍卿が軍艦製造案を提起、政費を節約するなどして海軍拡張にあてることとなり、翌年以降、八ヵ年事業として、軍艦の製造が進められた。

海相就任と海軍建設計画

従道が一八八五年一二月二二日に発足した第一次伊藤内閣で海軍大臣に就任したのは、内閣制度発足に伴うものだった。陸軍中将の従道が海相となった背景には、陸軍将官から海軍拡張案を提出することで賛同を得たいという、川村の推薦があったと言われる。従道は薩摩閥にあって長州閥の伊藤博文と最も良好な関係を築いていた。伊藤博文の関係文書には、陸海軍省を合併して「軍務省」を置き、従道を「軍務卿」に任ずるというメモも残されている(「伊藤博文関係文書」)。伊藤は、陸海軍を架橋《かきょう》する存在として従道に期待していた。陸軍中将から海相への就任は、適材適所の人事だったのである。

財政負担の観点から松方正義・参議兼大蔵卿らが軍拡に反対しており、従道を海相に就けて軍縮方針を実施させたいという意図もあった。

陸軍側にも思惑がある。台湾出兵後の一八七五年一二月一〇日に参議兼陸軍卿の山県有朋が参議兼内務卿の大久保利通に陸軍の人事案を示して了解を得ていたが、大久保は出兵を強行した従道を厳しく処置すべきだと考えていた。その三日後の一三日に参議兼工部卿の伊藤博文に宛てた書簡で大久保は、従道は「無致方《いたしかたなき》」ため、アメリカに行かせるほかなく、この旨を本人に伝えると記している(『大久保利通文書』第六)。

実際、一八七六年一月八日には鳥尾小弥太が陸軍大輔に就任、一二日に従道はフィラデルフィアで開かれる万国博覧会の事務副総裁に任じられて、翌月二二日に渡米した。

この人事によって山県は陸軍内での地位を固め、従道は以後、陸軍卿を一年余り務めたのを除いて、陸軍の要職から外れることになる。陸軍卿や参謀本部長といった陸軍の枢要ポストは、基本的に山県と大山巌によって占められるようになり、従道が海軍に移って以降も、その体制が続いた。

従道の海相就任段階での海軍の軍備は、軍艦二一隻二万八〇八三トン、水雷艇四隻一六〇トンで、まだまだ拡張を要するものだった。一八八四年から翌年にかけて起きた清仏戦争で、フランス海軍は緒戦で清国艦隊を破っているが、このとき派遣されたフランス極東艦隊だけで、軍艦一一隻二万二二三五トンに上っていた。軍艦一隻の大きさ、海軍全体の規模において、圧倒的な差があったのである。

欧米の海軍視察

一八八六年七月から翌年六月にかけて、従道は海軍の軍事・軍政について視察するために、米国、英国、フランス、ドイツ、ロシア、イタリア、スイス、ベルギー、オランダなどを歴訪、艦艇の製造や軍港の設備、製鉄、製鋼、兵器・火薬の製造、士官・下士官教育訓練などを実見して回った。

アメリカではスティーブン・G・クリーブランド大統領に謁見し、また、アナポリス海軍兵学校などを視察している。九月三日付の伊藤首相宛書簡で従道は、わずか二週間以内でアメリカ大陸の各州を「奔走」できたのは「鉄道船利の為」であって、これは「文明国の恩沢」であると述べている。アメリカは陸海軍将校の学力と技術が優れているため、政府が陸海軍の拡張に動けば「兵力の進歩は容易」との観測も伝えている(『伊藤博文関係文書』五)。

欧州で主に調査したのはフランス海軍で、当時、視察のため現地に滞在していた海軍士官の伊東義五郎は次のように伝えている。従道はフランスの艦隊や軍港などを見学して、夜には酒を酌《く》み交わしながら「忌憚《きたん》なく各自の観察や意見を吐露《とろ》」させて海軍についての知識を摂取した。この間に「帝国海軍の発展に関する大体上の方針」を定めて、自らの後任に山本権兵衛を据えることも視野に入れていたという(伊東義五郎「西郷従道侯」)。

「海軍組織計画意見」

従道は海相就任後、川村の方針を継承しつつ、海軍公債一七〇〇万円を発行し、五四隻を建造する第一期軍備拡張計画を立てて、これが認められていた。一八八七年三月には明治天皇が海軍補助費を下賜《かし》し、これを受けて全国の華族や富豪からの献金が相次ぎ、一八八八年、帰国後の従道は四六隻の艦艇の新造などを目指す第二期軍備拡張案を提起した。

これは閣議の承認は得られなかったものの、横須賀に加えて呉《くれ》（広島県）と佐世保（長崎県）に鎮守府が設けられた。なお、鎮守府とは各管轄区内の警備、部隊の監督などを担った機関である。海軍兵学校は東京の築地から江田島（広島県）に移転、海軍大学校も新設され、英国海軍から顧問が招聘されたほか、軍法会議や海軍主計学校、海軍軍医学校、海軍造兵廠、海軍火薬公廠《こうしょう》、海兵団、水雷隊などが整備される。従道は次官の樺山資紀や山本、林（のち、安保《あぼ》）清康《きよやす》らを重んじて省務を任せた。

なお、この第二期軍備拡張案の前提として大きな意味をもったと思われるのが、一八八七年に参謀本部長の有栖川宮熾仁親王が従道に提出した「海軍組織計画意見」である。ここでは、海軍建設で最も急務なのは「艦船製造」とし、海軍が「内国沿岸を防御」し、「外患を圧し以て我国権を拡張」するには、今後一〇年間計画で各種艦船を製造する必要があるとする。この意見書は、戦時と平時の海軍の任務や、各国における「艦船機械其他砲銃弾薬水雷等」の開発状況などを踏まえて、「艦隊甲鉄艦」の整備をはじめとする艦船整備計画を詳細に論じていた（黎明館所蔵）。

一八九〇年五月には樺山が海相に就き、従道の路線を引き継いで海軍拡張を要求し、一八九一年以降に第一期計画として、巡洋艦と水雷艦、水雷艇が五隻建造される。その後も海軍省は海軍拡張を主張し続けるが、帝国議会の賛同を得ることは容易でなく、一八九三年に明治天皇が政府と議会の和協一致を諭《さと》して詔勅を下し、三〇万円を下賜し官吏の年俸を削減、軍艦製造にあてることとなった。

一八九四年の日清戦争開始時点で、日本海軍の保有艦艇は、厳島、松島、吉野、高雄、浪速、千代田、八重山をはじめとする軍艦三一隻、水雷艇二四隻で、これらが常備艦隊などとして編成されていた。軍政と軍令の分離も進められ、参謀本部の設置については前章で述べた通りだが、一八九二年には仁礼景範《にれかげのり》海相が海軍参謀部の設置を伊藤首相に建議している。一八九三年に海軍軍令部が発足して軍令を担うことになるが、戦時にはまだ参謀総長の指揮下に置かれていた。

人材抜擢——目をかけた二人

従道は一八九〇年五月に内相に転じた後、九二年一月に枢密顧問官、九三年三月には再度海相に就き、一八九八年一一月まで日清戦争中を含め五年余りにわたり在任した。この間、海相当時の従道の取り組みとして特筆すべきなのは、人材の抜擢である。

従道は早い段階から山本権兵衛に着目していた。一八九〇年二月、海軍少佐で軍艦高雄の艦長だった山本に朝鮮の視察を命じる。当時、朝鮮で撤桟《てっさん》事件と呼ばれる騒擾《そうじょう》が発生し、日本と清国との軋轢《あつれき》が激化、ロシアも勢力拡大を画策している状況で、朝鮮の実態把握は喫緊の課題だった。

山本は従道の紹介で山県首相はじめ各大臣に面会して意見を交換したうえで、二月に朝鮮に渡航、三月に帰国して従道に復命し、事件について天皇に報告した。こうして従道の信用を得た山本は、一八九〇年四月、天皇の行幸に供奉し、従道離任後の同年九月に軍艦高千穂艦長となり、一八九一年六月、海軍大臣官房主事に任じら

山本権兵衛

斎藤 実

れる。

以後、山本は海軍の改革整理について調査研究し、一八九三年三月に海軍改革を目指して従道が海相に復帰すると、従道に薩摩閥の将官を含めた人事整理を提案してこれを実施させた。山本は、翌年に勃発する日清戦争では海軍省軍務局長などとして、参謀本部との連携をはじめ、大いに活躍することになる。日清戦争後に従道の後任として海相となるのが山本である。

その山本の後を継いで海相となる斎藤実を見出したのも従道だった。陸奥国水沢出身の斎藤は、一八七九年に海軍兵学校を卒業すると、八四年からアメリカに留学。従道の欧米視察にも随行し親しく交わっている。従道の信頼をそうした機会に獲得していったものと思われる。海軍少佐時代の一八九四年九月には侍従武官となり、日清戦争下でも侍従武官として、海軍と宮中のパイプ役を務めた。

一八九四年二月一五日、従道は斎藤に書簡を送り、目黒別邸で昼食を差し上げたいのでと招待している。海軍大臣が一海軍少佐を招いて懇切に接待するのは異例であろう。同年四月四日にも従道は斎藤を、日比谷の海軍大臣官邸での午餐に招いている。一八九六年一一月一九日には隆盛の長男で従道の甥・寅太郎《とらたろう》の結婚披露宴にも斎藤を招いて、目黒別邸で紅葉狩りを楽しんだ（「斎藤実関係文書」）。斎藤にいかに期待していたかがうかがえよう。

将来の海軍を担う人材を発掘して育てること、それは従道の得意とし、使命としたところだった。

2　日清戦争の戦争指導体制

甲午農民戦争の勃発

日本と清国は、朝鮮の主導権をめぐって覇権争いを続けていた。一八七一年に締結された日清修好条規は、朝鮮国を「自主の邦」として日本と平等の権利を認めると規定していた。その後、朝鮮国内では親日派勢力が拡大したが、一八八二年の壬午事変、八四年の甲申事変とクーデターが連続し、親日派と親清派との権力争いが繰り返される。

壬午事変に際して日清両国は出兵し、開戦論も高まるが、清国側の勢力が優位で戦争にはいたらず、甲申事変で親日派勢力が一掃されて、朝鮮の清国への依存が高まった。日本側では、両事変を経て鎮台《ちんだい》を改組して師団を設置、近衛兵団と六個師団、屯田兵《とんでんへい》によって陸軍戦力を構成した。

朝鮮では、外国産の綿布輸入、米穀・大豆の輸出が急増したことで貧窮する農民が増大し、財政難から対策をとらない朝鮮王朝に不満を抱く民衆が、一八九四年から甲午農民戦争と呼ばれる内乱を起こした。

内乱は全国に波及、朝鮮は清国に出兵を要請し、六月六日に清国軍二六〇〇名が漢城（現・ソウル）付近に到着する。日本も六月二日の閣議で、清国による朝鮮派兵に対して均衡を保ち、公使館と居留民を保護すべく、一個混成旅団約七〇〇〇名の派遣を決定した。陸奥宗光外相が兵力をもって清国との交渉を有利に導くことを主張したためで、参謀次長の川上操六がこれを支持し、開戦を覚悟したうえでの派兵だった。

現地の大鳥圭介《おおとりけいすけ》・朝鮮公使からは、内乱が鎮静化しているとして、派兵を不要とする意見があり、陸奥外相は派兵目的を朝鮮の内政改革に切り替えた。日本は日清両国による朝鮮政府の財政整理を提案するが、清国はこれを拒否、日本軍の撤兵を要求する。陸奥はこれを拒絶して内政改革交渉に乗り出すが、朝鮮政府が拒否したことで、七月一二日、閣議で清国との国交断絶を決定する。開戦準備が進められ、連合艦隊に朝鮮西岸への出動を命令、開戦に消極的だった中牟田倉之助に代わって、樺山資紀が軍令部長に就く。

日清戦争までの経緯

内政改革に後ろ向きだった朝鮮政府に対し、日本軍は朝鮮王宮を取り囲み、国王は実父・大院君を執政として改革に着手し、清国を排除することに同意。ついに七月二五日に朝鮮半島西岸で豊島沖《ほうとうおき》海戦、二九日に成歓《せいかん》の戦いの火蓋《ひぶた》が日清間で切って落とされ、いずれも日本軍が大勝した。日本軍の歩兵が携行したのはフランスのグラース銃などをもとに開発された村田銃で、大砲はイタリア製の七センチ青銅砲に対し、清国軍はドイツ製の小銃と野砲・山砲を装備。兵器の水準では清国が上回っていたとされる。

明治天皇による開戦の詔勅が下されたのは八月一日である。これまで「常に友邦の誼《よしみ》を篤《あつ》くするに努」めてきたが、「朝鮮事件」（内政改革）への清国の対応は「信義を失する」ものである。「独立の一国」である朝鮮を「属邦」として内政干渉する態度を批判し、朝鮮改革を妨害する清国に宣戦を布告したとする。

日本軍は軍備を増強し、開戦段階で陸軍が一万二〇〇〇名を動員。海軍は軍艦三一隻、水雷艇二四隻を保持していた。六月五日には陸海軍を統一的に指揮すべく、参謀本部に大本営が設置される。幕僚長は有栖川宮熾仁親王、陸軍の首席参謀官は川上操六、海軍のそれは樺山資紀、陸相は大山巌、海相は従道、連合艦隊司令長官は伊東祐亨《いとうすけゆき》である。皇族の有栖川宮を除いて、全員が薩摩出身だった。

従道、陸海相兼務へ

七月一七日に大本営会議が開かれ、天皇も出席、八月五日に大本営は宮中に移された。天皇は信頼する伊藤首相に大本営に参加することを命じ、七月二七日から、伊藤も出席している。天皇を頂点に、文官の伊藤、武官の有栖川宮がこれを支え、実質的には伊藤が最高指導者として機能するという戦争指導体制が構築された。伊藤は、現地の司令官と大本営との調整にも乗り出し、軍と政治、外交方針とを連動させることに努め、従道は伊藤を支えた。

第一軍の司令官は山県、陸相の大山が第二軍の司令官として出征し、その間、一八九四年一〇月九日から翌年五月八日まで、従道が臨時に陸相を兼任した。

大山が第二軍司令官に就くにあたっては、第一次松方内閣で陸相を務めた高島鞆之助《たかしまとものすけ》（当時・枢密顧問官）が陸相に復帰するという情報もあったが、最終的に従道が兼任する

広島での大本営を描いた錦絵　奥に明治天皇、そこから左に一人おいて伊藤博文首相、西郷従道海相

ことで落ち着いた。徳富蘇峰が主宰する『国民之友』はこの人事について、「兼任説遂《つい》に勝利を得たり」と評している（『国民之友』一八九四年一〇月号）。陸海軍を連携させ、従道に陸相を兼ねさせたいという勢力が勝ったわけである。陸軍次官は児玉源太郎、海軍次官は伊藤雋吉である。

大本営には、陸相の大山と海相の従道も参加している。大本営での軍議について当時野戦衛生長官だった石黒忠悳は次のように証言している。

「日清役勃発の当初は、大本営は宮中と参謀本部とに置かれ、其所《そこ》で、御軍議が開かれたのです。其の御席に出て御軍議即《すなわ》ち帷幄に参した者は、参謀総長有栖川宮殿下が中途で薨去《こうきょ》になりましてから、小松宮殿下、参謀次長兼兵站総監川上操六、野戦監督長官野田豁通《ひろみち》、野戦衛生長官石黒忠悳、野戦運輸通信長官寺内正毅《まさたけ》、それから参謀として、陸軍中佐土屋光春（此《こ》の人は後に大将男爵になりました）同高木作蔵、管理部長村田淳、（此の三人は常に出るのでは無く、用があると呼出されて列席したのです）陸軍大臣大山巌、海軍大臣西郷従道、海軍軍令部長樺山資紀、内閣総理大臣伊藤博文、外務大臣陸奥宗光と、これだけが御軍議の時に参列する人でありました」（『懐旧九十年』）。

昭和期の戦争のように、政府と統帥部が分離して後者のみが大本営を構成するのではない。首相と外相、陸海相も列席し、政治、外交、軍事、軍政と軍令が連携する体制がとられていた。

九月一七日、黄海海戦が勃発して、日本軍の速射砲の攻撃を受けた清国艦隊が潰走し、九月一五日からの平壌の戦いでも日本軍が勝利していた。一八九五年二月四日からは清国の補給拠点であった威海衛《いかいえい》で海戦が起こり、ここでも日本海軍が勝利して清国の北洋艦隊が壊滅する。

これを受けて、日清間の講和の機運が高まった。三月二〇日から下関で伊藤首相、陸奥外相、清国の李《り》鴻章《こうしょう》全権との間で交渉が行われ、三〇日に休戦協定が成立、四月一七日に講和条約である下関条約が締結された。

この間の三月二三日には伊藤が従道に休戦協定案を示し、これを清国が拒否する様子のため「戦争を継続しつつ談判」するほかないが、「今明日中」には回答が得られそうだと報告している（「西郷従道家書翰帖」）。

下関条約は、清国が朝鮮の独立を認め、遼東《りょうとう》半島、澎湖《ほうこ》諸島と台湾を日本に割譲、日本に二億両《テール》の賠償金を支払うというものである。ただし、四月二三日に、ロシアとドイツ、フランスがいわゆる三国干渉で遼東半島の放棄を勧告し、日本はこれを受け入れることになる。

3　戦時下の任務――秩序維持のために

広島、朝鮮での治安維持への腐心

海相および陸相として従道が処理した事案は幅広い領域にわたるが、私信を通して特にこだわりをもって取り組んだ事項を中心に、ここでは日清戦争中の任務遂行状況を見ていこう。

従道は一八九四年九月二〇日、内相の井上馨に宛てて、次のような書簡を送っている。平壌の戦いに続いて海戦でも大勝し、国家にとって実に大きな戦果を上げたとする従道が、「臨時国庫巡査の義」、すなわち、当時大本営や議会が設置され、政府首脳も集まっていた広島の治安維持のため、臨時に巡査を雇用すべきとする件について、警察を所管する井上に相談を持ちかけたものだ。

広島県知事が調べた予算を受けとって詮議《せんぎ》したという従道は、臨時国庫費で広島に警視・巡査を設置することは法令上支障があるとして、警視庁から応援を仰ぐのが「便宜穏か」であり、知事も納得していると記す。伊藤首相からも電報があるだろうから、その際は井上から警視庁に応援を命じるよう従道は要請し、広島市街に一〇〇名程度しか巡査がいない現状を「危嶮極まる思い」だと警備強化の目的をつづっている。

政府・軍の機能が集中している広島の秩序が乱された場合、戦争遂行に大きな支障が生じかねないと従道は懸念していた。取り締まりについては、伊藤も厳重な準備をするのが当然と考えており、騒動が起きるようなことがあっては不都合だという意見だと従道は言い添えている（「井上馨関係文書」）。

一〇月一五日に内相が野村靖に交代して井上は朝鮮公使に転じたため、一一月七日に井上に宛てた書簡で従道は、「警視庁に於《お》ける事情」に関して「何分の御配慮」をしてほしいと述べ、新大臣の野村とは親しくないため、同じ長州出身の井上に巡査派遣について仲介を依頼している。

また、この書簡で従道が強調していたのは、朝鮮での治安維持だった。日本では、政府と議会とが協力して軍事予算案を通過させる挙国一致体制が敷かれ、国内は大きな問題もなく、国会閉会後も「各党派も眠るが如き」で、政党による政府攻撃は鳴りを潜めていると伝えたうえで、日本軍が勝利を重ねて、朝鮮の人々も「我軍隊を敬愛するの風」があるというが、それは「不思議」だと感想を述べる。

そのうえで従道は、朝鮮と占領地域における警察業務が必要であると説く。警視庁の警察官を従軍させる動きがあるが、「職域外の運動」は好ましくなく、占領地域に「民政庁」を設け、憲兵を派遣して治安維持にあたらせ、これを警視庁が補佐すべきだと持論を語った。

さらに、朝鮮と占領地に警察官などを派遣するかどうかは、井上と出征軍司令官の意見に任せると伊藤は語っているとしたうえで従道は、アメリカから来日した中国人一名とアメリカ人二名を神戸で捕縛したが、彼らは「米国タイナマード会社員」で、「十万元の報酬」を受けて「八週間内に日本軍艦を残らず破摧《はさい》するの約定にて来りたるもの」との情報を伝えている（同前）。従道が国内、特に広島の治安維持にこだわったのは、こうした情報のためであった。

失火と暗殺

一一月一三日付の井上宛書簡でも従道は、「広島第二十一聯隊失火の報に接し驚愕仕候《つかまつりそうろう》」と、広島で起きた失火事件の衝撃を伝えた。「兵営教練焼失二時間にして鎮火」したものの、大きな騒ぎとなったと述べ、広島における治安の悪化に強い警戒感を示していた。

従道は山口県や福岡県の警部長と面会して取締上の相談をしたうえで、前月に暗殺された朝鮮開化派の金鶴羽《きんかくう》について、「実に惨酷を極めたる趣き」で、これによって開化派の勢力が後退するのではないかと懸念を示している。ここでも占領地に「民政庁」を設け、さらに「郡役所」のようなものも設置すべきではないかと提案している。

また、朝鮮では、「民政通暁の者」として現地の住民を登用するわけにもいかないため、いずれ「戦地に行政を施《し》く」ためには多数の日本人を要するはずだとして、従道は警察官を派遣して警部を郡長とし、巡査を官吏として、戦線の拡大に伴って行政の範囲も広めていってはどうかと述べた。憲兵には「行政を施く」といった能力がないが、警察官であれば「常に行政の事に関係」しているとして、すでに述べた持論を修正し、あらかじめ警察官を人選して派遣すれば、地方行政も円滑に進むだろうと記した（同前）。

翌年一月一八日付で従道は、やはり井上に宛てた書簡で、「朝鮮の改革も着々進歩の傾向」にあり、「腐敗の極」に陥った朝鮮が「活気」を取り戻しつつあることを「閣下の御精神」によると賞讃する。そのうえで、伊藤が講和条約交渉に向けて出発するため、議会対策は野村内相が引き受けており多忙であるとして、議会の現状を報じている。

挙国一致体制下で、政党による政府攻撃は起きておらず、追加予算も政府の要求通り両院とも可決したが、治安を妨害する人物を皇居から三里外に追放する保安条例の廃止法案や、反政府的な言論を取り締まる新聞紙条例の改正案は、貴族院で審議中で、衆議院が可決した保安条例の審議は「余程形成危」うい状況のため、「精々維持の方法を尽し」ていると伝えている（同前）。

この時期、従道は、日清戦争の作戦計画や軍の運用などについては、基本的に信頼する大本営の樺山や川上、前線の山県や大山に任せていたのであろう。主な役割は国内と占領地の治安維持、さらには議会や世論対策にあった。西南戦争の際に取り組んだ後方支援が、より政治性を帯びてきたことがうかがえる。

ただ、「川上操六関係文書」には、従道が内務省内の人事について大本営の川上に報告し、また川上に「只今《ただいま》総理大臣え面会」したところ、別紙のように命じられたので伝達すると述べた書簡（別紙は現存せず）などが含まれており、大本営内で密接な連携がはかられていたこともわかる。

なお、福沢諭吉は『時事新報』（一八九四年一一月六日付）社説「朝鮮の警察組織」のなかで、朝鮮改革で重視すべき政策として「警察の仕組」を挙げている。東学党が朝鮮で「一揆騒動」を起こして乱暴を働き、このまま放置すれば「乱民の蜂起」が拡大して政府の存立も危うくなるとして、警察組織の必要を強調していた。

そのために福沢は、日本国内で三〇〇〇名程度の「壮丁」を雇用して巡査とし、朝鮮各地に配置して中央に警視庁のような組織を据えて監督、治安を維持すべきだと提言している。従道がとった治安維持対策の背景には、こうした国内世論からの要請もあったのである。

従道による提言の実施

占領地に憲兵や警察官を派遣するという従道の提案は、内務省や陸軍省、参謀本部、憲兵隊などとの調整を要するものだった。

一八九四年一一月六日、参謀総長の有栖川宮が陸相の従道に、第一軍の占領地で民政を施行するため、朝鮮公使館付として警部と巡査を派遣したが、人員が不足しているため、憲兵大尉一名、中尉一名、下士卒三四名を第一軍付として至急戦地に送りたいとの要望を寄せている。

一二月一六日、参謀本部から陸軍省に、第一軍の占領地に憲兵を派遣するにあたり、憲兵五〇名に相当数の将校と下士官を附属させる旨、憲兵司令官に通達したいという照会があり、決済されている。

一二月二六日には陸相の従道が参謀総長の有栖川宮に、内務省所管の警視庁経費を清国に送る手段がないため、臨時軍事費送金の際に合わせて送るよう大蔵大臣から問い合わせがあり、異議がなければその手続きをとると照会している。

実際に憲兵は前線に送られていた。一八九五年一月二四日、憲兵司令官の春田景義から陸軍次官の児玉源太郎に、戦時補助憲兵として近衛師団から下士官二〇名、第一師団から下士官二〇名と兵士一〇〇名、第二師団から下士官一〇名と兵士二〇〇名を引き取った旨、報告があった。三月八日にも、第四師団から下士官二〇名と兵士二〇〇名が憲兵隊に合流している。

一八九五年一月二五日、春田から児玉に、第一軍、第二軍に派遣した憲兵が占領地の取締任務にあたっており、「民政庁」に所属しているが、指揮命令系統が混乱しているとして、「周密且画一なる指揮監督」を期するため、「民政庁」に憲兵隊長を置き、憲兵隊を指揮するよう意見具申があった。陸軍省は参謀本部と協議のうえ、意見の通りに決済した。

憲兵は各占領地に派遣されていたが、単なる治安維持だけでなく、戦地から患者を還送する際の風紀取締にも従事していたようで、前年一一月七日には川上が参謀総長の有栖川宮に、この任務のために憲兵一五名を漁隠洞に派遣したいと上申し、有栖川宮が陸相の従道に照会している。

一八九五年五月三日には野村靖内相が陸相の従道に、「朝鮮国派遣警視庁警察官の義」について照会し、安東県に警部一名、巡査二〇名を出張させる必要があるとして、従道の同意が得られれば警視庁に訓令を出し、その必要がなくなれば現地司令官から帰国を命じるようにしたいと申し出ていた。

議会・世論対策

従道が神経を尖《とが》らせていた世論や議会への対応についても見ておこう。

日清戦争開戦を前にした一八九四年六月七日、陸相の大山と海相の従道は陸軍省令第九号・海軍省令第三号を発し、新聞紙条例に基づき、「軍隊の進退及び軍機軍略に関する事項を新聞雑誌に記載することを禁ず」と命じた（『読売新聞』一八九四年六月八日付朝刊）。戦争を前に、軍事機密が漏洩《ろうえい》することを警戒して発したものである。

一八九五年一月一八日付の井上宛書簡で従道は、議会対策は野村内相が担当すると述べているが、前年一〇月一八日に広島で開会した第七議会（臨時会）では、井上内相や黒田清隆逓信相、芳川顕正《よしかわあきまさ》司法相などは広島に赴かず、陸奥外相も帰京したため、議会には伊藤首相と従道、渡辺国武蔵相が臨むと報じられている（『読売新聞』一八九四年九月二九日付朝刊）。

伊藤と従道、大山は天皇の行幸に随行する形で広島入りしたが、戦争中のため「万事簡略」で、伊藤には秘書官など三名、従道と大山には秘書官と護衛官二名のみが随行したという。広島入りした従道は、膝を崩してくつろぐこともなく、晩酌さえ慎むような厳格な生活を送っていた。一二月に入って渡清の噂が立ち、議会対応のために国内に留まるとの観測もあったが、結局、同月に占領地視察のため下関を発ち、第二軍を率いる大山の要請を受けて旅順から金州へと入っている。

この間、『東京朝日新聞』に掲載された談話で従道は、清国の「南洋水師《なんようすいし》」は「怯弱《きょうじゃく》」で恐れるに足らないと述べ、人員も訓練も不足しており、「北洋水師《ほくようすいし》」が敗北しても傍観して救済する挙動がないとした。そのうえで樺山の観測によれば、魚雷はともかく、大砲で日本海軍の艦艇が沈没することはなく、艦艇の強度と兵士の士気によって「全く今回の勝敗を為せし者と信ず」と自信を示した（一八九四年一〇月二〇日付朝刊）。「南洋水師」は清国の南洋艦隊であるが、実際に「北洋水師」、すなわち日本海軍と戦って敗れた北洋艦隊に加勢することはなく、台湾方面の警備に就いただけで、日清戦争には参加しなかった。

勝田孫弥『西郷隆盛伝』

さて、戦前における西郷隆盛の決定版的な伝記として、勝田孫弥『西郷隆盛伝』全五巻（西郷隆盛伝発行所）が刊行されたのが、ちょうどこの日清戦争下だった。勝田は薩摩出身の歴史家、法律家である。

勝田はここで征韓論について、「台湾の紛議」と「朝鮮の葛藤」が起き、隆盛が「台湾、朝鮮の地に力を用い」、国内の分裂を避けて人心を一致させ、士気を鼓舞し、国権を拡張しようと奮然努力した点を特筆する。さらに征韓論政変の経緯を詳述したうえで、「身命」を棄てて「国家の経綸《けいりん》」に従事し、辞職後は「風物を友」とし、「精神を養」ったのは「隆盛本来の素志《そし》なり」と論じている。

勝田の描く隆盛は、勤王の大志に溢れ、国家王事に尽くし、皇運を挽回するために人心を鼓舞して、「国権を拡張して国家の独立を確定」しようと努め、最後は「少壮輩と情死」したという英雄像であった。

この時代、勝田の著書を読んだ者たちは、日清戦争で戦う日本軍の先駆者として隆盛を受けとったにちがいない。実弟の従道や従兄弟の大山は、それを体現する存在として認識されたものと思われる。『東京朝日新聞』は第一巻の刊行を受けて、「維新の功臣、明治の叛賊南洲翁《はんぞくなんしゅうおう》の心事洵《まこと》に憐《あわれ》むべし吁誰翁《ああだれがおきな》の心事をして長く千載《せんざい》に明《あきらか》ならしむるものぞ」と嘆じている（一八九四年九月四日付朝刊）。

4　戦後の海軍拡張と宮中関係

海軍拡張計画と靖国神社合祀

日清戦争終結後の一八九五年七月、海相の従道は海軍拡張計画を閣議に提出し、その決定を見た。戦争の結果、戦利品として多くの艦艇を収容したものの、老朽化、あるいは損壊していたため、新たに艦艇を建造しようとしたものである。財政上の理由から、計画は二期に分けられ、一八九六年三月に開会された第九回帝国議会、同年一二月開会の第一〇回帝国議会での協賛を経て、実施に移された。

第一期は一八九六年度から一九〇二年度までの七ヵ年計画で、艦艇と兵器の製造、横須賀、呉、佐世保の各鎮守府の設備増築、舞鶴《まいづる》鎮守府（京都）の設置などが盛り込まれ、第二期を含めて、戦艦四隻、一等巡洋艦六隻、二等巡洋艦三隻、三等巡洋艦三隻、通報艦一隻、駆逐艦二三隻、水雷艇六三隻などが建造される。これらが日露戦争の主力となる。

また、従道は日清戦争に際しても、戦死者の靖国神社への合祀に意欲的に取り組んだ。

一八九五年一二月二日、従道は海相として日清戦争における戦死者を靖国神社に合祀するため、一五日に招魂式を、一六日から一八日まで臨時大祭を催す旨を告示し、一二月四日には靖国神社に合祀される人名として、一五一名の名前を公表、以後、合祀者は順次追加されて、合計一万三六一九柱に上ることになる。

一二月一〇日には、従道は陸相の大山、首相の伊藤と連名で、天皇が靖国神社に行幸する一七日には東京の官庁を休業として、官員に参拝を求めている。臨時大祭には指揮官、参謀、大隊長から看護手、軍楽隊、陸戦砲隊まで、合計一八六二名が参列した。

靖国神社は、幕末維新期の殉難者についても合祀を続けていた。

一八九五年八月三日には、野村内相から大山と従道に、下総出身の尊王攘夷の志士、竹内哲次郎を合祀したいとの申請があり、従道は日清戦争における戦死者と合わせて合祀すべき旨を宮相の土方久元《ひじかたひさもと》に上申、一一月一五日に土方から祭典を執行するよう回答があった。

宮中と軍の橋渡し――日清講和のなかで

宮中と軍との関係を取り次ぐのも、従道の重要な役割だった。

一八九四年八月二九日には、土方宮相から海相の従道に、軍令部長の樺山、海軍次官の伊藤、海軍軍医総監の実吉安純《さねよしやすずみ》、海軍主計総監の川口武定、海軍大佐の角田秀松《つのだひでまつ》、海軍少佐の伊集院五郎が「御陪食」にあずかるとの通達があった。従道はこうした「御陪食」を、たびたび取り次いでいる。

一八九五年二月二三日、陸相の従道は参謀総長の小松宮彰仁親王《こまつのみやあきひと》に、前年一二月一〇日以降に出征して第一軍と第二軍に編入された三万二〇〇〇名に対して、酒九六石と巻煙草《まきたばこ》八〇万本が「恩食」として下賜されるとの土方の指示を伝達した。三月四日にも従道は小松宮に、混成部隊司令官付などの将校五七名に「立食下賜」があるとの土方の通達を伝えている。

この間の一八九四年一〇月二日には、呉軍港に天皇が行幸、軍艦松島が天覧に供されているが、これも前月三〇日に土方から従道に通達されたものだった。一〇月には香川敬三・皇后宮大夫《ぐうだいぶ》から海相の従道に、「皇后陛下御手づから御調製遊《ごちょうせいあそ》ばされし繃帯《ほうたい》」を負傷者が入院している各病院に下賜するとして、「御仁恵《ごじんけい》の程深く感佩《かんぱい》し奉《たてまつ》る」よう指示があった。

翌年一月一五日にも香川から、凍傷で足を切断した者がおり、皇后から「人工手足」

のための費用が下賜されるとの沙汰があり、従道は担当者に詳細を打ち合わせるよう命じている。

従道は、一八九四年八月二八日、大本営会議に出席後、枢密院議長の山県とともに天皇に拝謁したが、以後、天皇と軍との橋渡し役となるのが、陸海軍大臣としての従道の重要な任務となった。

八月三〇日、山県が第一軍司令官に任じられると、伊藤首相や山県、従道らが天皇に召し出されて「軍国の大計は文武相応じて謀議周密を要する事」などを命じた「五条の上諭」が下され、「御陪食」にあずかった。

その席で伊藤は、今回の戦争に際して、「調停」の名を借りて英露両国が「干渉」してくる可能性を強調し、早期に勝利を収めて、文官と武官が協力して講和交渉に持ち込むべきだと演説している（『明治天皇紀』第八）。

九月一八日の大本営会議の際には、臨御した天皇から、従道は大山とともに海老と清酒を下賜されている。天皇は侍従武官の斎藤実を二〇日、海軍に派遣して、清酒と煙草を下賜し、今後の動静を聴き取らせた。二三日には伊藤首相らとともに、従道は午餐に召されて戦勝を祝い、一〇月三日には海軍大臣で陸軍中将という特殊な地位にあった従道が、海軍大将に親任されている（同前）。

一八九五年一月二七日、軍議室に天皇が出御して小松宮、伊藤、山県、従道、陸奥、樺山、川上が召され、講和条約案が議論された。「朝鮮国独立」と「戦略上必要なる土地譲与」「軍費賠償」「通商航海の便益」を「主眼」とすることが確認されている。

下関での講和交渉が開始されたのは、三月二〇日のことである。従道も下関に出張し、四月一一日には広島に帰って天皇に講和談判の状況を奏上している。天皇は、伊藤が尽力しているのは熟知しているが、談判が決裂すれば外国からの干渉を受け、領土の割譲も賠償金も無に帰するとして、「最善の終局を結ぶべく伊藤の尽力せんことを望む」と語った（同前）。

松方正義蔵相と山県、従道が天皇に拝謁した四月一七日、談判が妥結し、講和条約が調印された。翌一八日に講和交渉全権を務めた伊藤と陸奥が広島に戻り、天皇から「善く妥協を得た」のは「洵《まこと》に帝国の光栄を顕揚《けんよう》するに足る」との勅語を受けている。

この後、三国干渉を受けて、政府はこれを拒否して列強と戦うだけの軍事力がないことから、受諾を決意する。五月四日に京都の旅館で伊藤、松方、従道、野村、樺山、陸奥らが会談して三国への最後回答案を協議し、遼東半島を放棄する回答案が作成され、閣議を経て天皇の裁可を得た。翌五日、陸奥は三国駐在の日本公使に電訓し各国政府に回答させている（同前）。

元帥へ――隆盛が得た称号に

宮中と軍との取り次ぎは、陸相・海相として当然の職務だったが、人生の岐路で、天皇への忠誠心によって自らの立ち位置を決めてきた従道にとって、特に光栄な職務であった。

天皇が「大元帥」として軍の指揮権を親裁し、陸軍卿などの拝謁を許し、軍の士気を高めるよう求めてきたのは従道自身であり、これらはその実践でもある。やはり重視していた侍従武官のポストに斎藤実を就かせ、軍との折衝役を果たさせたことは、海軍の人材育成という意味でも大きな収穫となった。

なお、従道は華族制度発足にともなって一八八四年七月に伯爵となっていたが、日清戦争での功績を認められて、一八九五年八月五日に侯爵に叙せられた。一八九八年一月二〇日に元帥府条例が公布され、軍事上の最高顧問と位置づけられると、従道は元帥となっている。

元帥府条例を主導したのは陸相の桂太郎だったようで、一月一二日に従道に宛てた書簡で桂は、同条例はすでに「内奏」が済んでおり、「海陸軍大臣の副署」が必要のため待たせてしまったが、総理の副署のみでよく、両大臣の副署はいらなくなったとして、詔勅の写しを参考までに送っている（『桂太郎発書翰集』）。

かつて隆盛が帯びた称号を、従道も名乗ることになった。名声や評判はともかく、地位と肩書きはすでに兄を超えつつあった。

第4章

政治家としての軌跡

——宰相待望論と兄の「罪」

1 「元勲級指導者」八人の一人——度重なる入閣

帝国憲法発布、帝国議会開会

日清戦争が開戦する五年前の一八八九年（明治二二）に大日本帝国憲法が発布され、翌年に帝国議会が開会、日本の立憲政治が開幕していた。以下、政治家としての従道の軌跡を辿っていきたい。

藩閥政府と呼ばれる薩長藩閥による行政府は、長州の伊藤博文、井上馨、山県有朋、山田顕義、薩摩の大山巌、黒田清隆、西郷従道、松方正義の八人の「元勲級指導者」によって指導された。維新以来の政治・軍事における実績を踏まえて、国政に関する最終決定権を持つ彼らは、「政権寡占《かせん》クラブ」と呼ばれることになる。

憲法発布当時の首相は黒田清隆。憲法発布の翌日に黒田は、「政党」とは政治的主張を同じくする者が集まったものだが、「政府」は常に「一定の政策」をとる必要があり、そのために「超然政党の外に立ち至正至中《しせいしちゅう》の道」を歩み、「不偏不党の心」で人民に臨むとした。これは超然主義演説としてよく知られている（「牧野伸顕関係文書」）。

黒田内閣で従道は海相を務めた。一八八九年一〇月に条約改正交渉の失敗の責任をとって黒田は辞職。後継首相に山県が推《お》されたものの、条約改正交渉が困難であると見込んですぐには受けず、三条実美・内大臣が首相を兼任、一二月にようやく山県が首相に

右）上から伊藤博文、井上馨、山田顕義。左）上から大山巌、黒田清隆、松方正義

就任する。第一次山県内閣である。なお、新聞紙上では三条の後任として、山県のほかに、井上や従道を推す声があるとの観測記事が出ている。

このとき、黒田と松方は、従道を農商務相に横滑りさせることを主張し、井上はこれに芳川顕正を立てようとして対立した。妥協の結果、農商務相には同次官の岩村通俊《いわむらみちとし》を昇格させ、従道は海相に留任した。黒田と松方は同じ薩摩閥であり、すでに農商務卿としての実績もあった従道に、産業振興や開拓を担わせたいと考えたのだろう。

山県は当初、内相を兼任していたが、多忙であるとして伊藤に内相就任を依頼し、伊藤がこれを断ったため、従道が海相から内相に移る。軍人である従道が内相になったのは当時も意外だと受け止められたようだが、省務に通じた白根専一《しらねせんいち》が内務次官に起用されたため、重要閣僚ポストである内相に薩摩閥の従道をあてて薩長のバランスをとり、実務は白根が担って議会に対応しようと考えたようだ。

内相時代には、商法延期問題に関わっている。日本の習慣にそぐわないとして商法の施行を延期する法案が衆議院に上程されて可決、所管の山田顕義法相は従道に貴族院で反対派の多数派工作を依頼しているが、結局、貴族院もこれを可決する。山田は辞意を表明したが、天皇が慰留し、政府が商法関連法の施行延期法案を閣議決定しようとした

初期議会、第1～第6議会／1890～94年

内閣	年	月	事項
第1次 山県有朋内閣	90	7	第一回衆議院議員総選挙（民党が過半数以上獲得）
		11	**第一議会** 山県有朋首相、施政方針演説で軍事力増強を主張 民党は「政費節減」「民力休養」を主張し対立 政府は立憲自由党の一部を切崩し一部予算を可決
	91	3	
第1次 松方正義内閣		10	
		11 12	**第二議会** 民党は軍艦建造費を含む予算案に反対 樺山資紀海相、「蛮勇演説」で藩閥政府を擁護 政府は予算削減に同意せず。最初の議会解散へ
	92	2	第二回衆議院議員総選挙 品川弥二郎内相による選挙干渉。吏党は勝利できず
		5 6	**第三議会** 軍艦建造費などの追加予算否決
第2次 伊藤博文内閣（元勲内閣）		11	**第四議会** 衆議院で軍艦建造費削減を決定。政府は同意せず 天皇が「和協の詔勅」を示し予算成立
	93	2	
		11 12	**第五議会** 衆議院議長星亨（自由党）の議員除名処分 立憲改進党、対外硬を唱える 条約改正方針をめぐり民党と政府が対立。議会解散
	94	3	第三回衆議院議員総選挙
		5 6	**第六議会** 内閣弾劾上奏案の可決 甲午農民戦争に対する出兵決定。議会解散
		8	日清戦争勃発

註記：「月」内のアミ線は会期を表す。出典：詳説日本史図録編集委員会編『詳説 日本史図録』（山川出版社、2023年）を基に筆者作成

際には、山田は副署を拒否し、病気を理由に再び辞表を提出した。

その後、山県や品川弥二郎らの尽力で山田は内閣に復帰するが、復帰にあたって山県と従道に、憲法に定められた大臣の単独輔弼《ほひつ》責任の徹底を求めて、全会一致の閣議運営を批判し、天皇の法律不裁可権を重視する、といった条件を出している。

明治憲法には内閣についての規定がなく、各大

臣がそれぞれ天皇を輔弼する体制がとられており、議会に対して連帯して責任を負ってもいなかった。従道が内閣を代表して、この条件を原則として受け入れる旨を山田に伝え、山田は法相に戻る。山田は商法延期法案に対して天皇の不裁可権を発動させようと考えたが、政府はこれを議会に挑戦する行為として却下し、天皇は法案を裁可、山田もこの点については断念していた。不裁可権行使の可能性は大きく後退し、以後、明治憲法下では一度も行使されることはなかった。

憲法が発布されて議会が発足し、藩閥政府が超然内閣を表明するなか、制度をどのように運営するのか、模索が続いていた。軍人・従道は元勲政治家として、こうした問題への対処を余儀なくされたのである。

従道組閣と各メディアの報道

一八九一年三月に第一回帝国議会が閉会し、四月九日に山県が辞意を表明して、山県と大山、従道、松方が協議し、後継首相に伊藤を推すことが決まる。このとき伊藤は首相就任を受け入れず、二七日、天皇に「民度猶《なお》低く、憲法政治を施《し》くこと実に困難なり」として辞退を表明し、「内務大臣伯爵西郷従道・大蔵大臣伯爵松方正義」のいずれかを首相にすべきだと奏上した。

しかし、従道はこれを受けなかった。この結果、天皇は「博文の肯《がえん》ぜざると、従道の応ぜざるとを知り、遂に〔松方〕正義を任ぜん」とする（『明治天皇紀』第七）。

従道の孫・西郷従宏によれば、従道はこのとき、天皇に「不肖《ふしょう》の今日あるは兄隆盛の庇護《ひご》に頼るのみ。自ら内閣総理大臣になるが如《ごと》きは思いもよらない所である」と辞退し、松方を推したという（『元帥西郷従道伝』）。

隆盛はすでに二年前の憲法発布のときに恩赦で名誉回復していた。だが、天皇は第一次山県内閣改造時に、西南戦争の際に立志社の挙兵計画に加担したとして投獄された経歴を持つ陸奥宗光の閣僚起用案に、「人と為《な》り俄《にわ》かに信じ難し」と難色を示していた（『明治天皇紀』第七）。従道が兄の例を持ち出して天皇に配慮して身を引いた一因は、ここにもあったと思われる。

松方は、従道か山田が首相となるべきだと考えていたが、天皇がこれを認めず、結局、松方は、山県、従道、伊藤、井上と相談のうえ内閣を引き受けた。五月六日に第一次松方内閣が発足、従道は内相に留任する。

山県の辞意表明から第一次松方内閣発足までの間、新聞・雑誌は、さかんに従道組閣論を展開していた。ここでは各メディアの従道内閣についての言及を詳細に見ていこう。

田口卯吉《たぐちうきち》の主宰する『東京経済雑誌』は、従道が「立憲大臣」としてふさわしいかはわからないとしながらも、「区々《くく》たる俗吏《ぞくり》的の小才《しょうさい》小技能」を頼みとして、「自ら立憲大臣を気取る」連中に比べれば、「首相たるの貫目充分なりと思う」と評した（「西郷伯」『東京経済雑誌』一八九一年五月）。

立憲改進党系の『郵便報知新聞』は四月一二日、次は従道が首相となる「順序」だが、従道がしきりに辞退していると伝え、一四日には従道が「総理の任に就きて一国を経綸《けいりん》するが如《ごと》きは思いもよらぬ事なり」と述べたと伝えている。

周囲からは、かなり無理強いされたようだが、従道が引き受けることはなかった。やはり同党系の『朝野新聞』も四月一二日、閣僚がいずれも従道を推しており、従道も断りきれないとして、「山県伯に代わるべきものは八九分迄西郷伯なりと断定して不可なからん」と観測している。一四日には従道が総理となれば「度量寛宏《かんこう》」で「果断決行」の資質を生かして「案外活活なる処置」を政治に及ぼすと期待した。

さらに、四月二九日の同紙は「西郷伯首相の任を内諾《ないだく》」との見出しを掲げ、伊藤と松方の説得で従道が首相就任を内諾したと報じた。だが、五月一日には伊藤と閣僚人事をめぐって衝突したため、「内諾も忽《たちま》ち水泡に帰」したと伝えている。

陸羯南《くがかつなん》が創刊した日刊紙『日本』も四月一四日、山県が辞表を提出するにあたって「西郷伯に是非とも首相の任を襲《つ》かれたし」と求め、従道は内相ですら事務処理に精一杯なので、到底「一国を経倫」することはできないと辞退したと伝えていた。しかし、その翌一五日には従道が後継になるのは「台閣一致の説」だとし、二五日に周囲の説得に抵抗しきれず、「七分通りは承諾せられたり」と報じている。結局、三〇日に従道が首相に就く決心を翻して辞退したと報じた。

立憲改進党系の『毎日新聞』は四月二三日、「総理大臣は西郷ならざれば伊藤」だと衆目が集まっていると伝え、翌日には伊藤が「西郷伯を第一番」と考えているとしていた。だが、二六日には従道が容易には起《た》たないとして、政権は伊藤に帰する模様だとした。同紙は五月三日、従道が辞退する要因として、組閣しても松方が「実権」を握り、松方自身が首相となる「希望」を抱いている点を指摘している。五日の記事では、西郷内閣は伊藤と井上の支援が得られず、松方であれば伊藤が助力するだろうとしている。

政府系の『東京日日新聞』も四月二九日、伊藤が参内して従道を後任に推薦し、各閣僚も賛同して従道の自宅で「密議」が交わされ、従道は辞退する意向だが、まだ迷っていると報じている。三〇日、従道は「内閣諸公の強《しい》ての要請」を受けて首相就任を再考したものの、やはり「固き決心」で辞退したため、西郷首相案は「望みなき有様」で、松方で「内決」したとしている。

従道自身、こうした期待や憶測は肌で感じていたに違いないが、やはり首相の任も、兄の負債も重すぎた。

福沢諭吉の思い

従道組閣問題について、福沢諭吉の主宰する『時事新報』も見てみよう。

四月一六日、山県の後任は「西郷伯なる可《べ》し」として、従道自身が発憤すれば総理になるのは容易だと報じたが、翌日には従道が「容易に承諾せず」と伝えている。一八日に福沢は同紙に「其《その》組織の強硬有力ならんことを望む」と題する社説を掲げ、山県の後任として従道や伊藤、松方の名が挙がっているが、誰が総理になるとしても、「強硬有力なる内閣」を組織し、議会を乗り切って朝鮮問題などに対処しなければならないと論じている。

さらに、従道が組閣した場合、山県内閣の「同体異名」となり、閣僚もほぼ留任するだろうとして、山県内閣が強硬なら強硬、逆もまた然りで、伊藤については、華族制度を設けて「莫大の恩金」を下賜させたことや、「西洋流の交際宴会」を流行させたことを批判し、「人の歓心」を買うことより「強硬有力の実」を忘れないよう釘を刺した。新華族の創設や過度な西洋化は、福沢が批判してきたところである。

四月二三日、福沢は同紙社説「伊藤内閣も亦《また》見る可《べ》きものあり」で、伊藤と従道のいずれが組閣するかはわからないとしたうえで、一転して伊藤内閣へ期待を寄せる。福沢は、伊藤が「一大奮発」「一大決心」して、在野の有力政治家と提携することを提唱し、大隈重信や後藤象二郎らと「相和して内閣を組織」すれば、「必ず強硬有力の実」を発揮するとして、伊藤に「大決心」を求めた。在野の有力政治家を登用することは、「官民調和」の具体策として、福沢がかねてより提唱してきたことである。その意味で、福沢の期待は従道より伊藤に寄せられていた。

福沢諭吉

大津事件の勃発

従道組閣案が頓挫し、第一次松方内閣が発足した直後の一八九一年五月一一日、来日中のロシア皇太子ニコライが、滋賀県庁近くで警備にあたっていた巡査・津田三蔵《つださんぞう》に斬りつけられ、負傷する事件が起きた。いわゆる大津事件である。

ニコライはウラジオストクで開催されるシベリア鉄道の起工式に参加する途上で来日していた。津田はロシアの南下を脅威に感じ、樺太千島交換条約にも不満を抱いていたと言われているが、西南戦争に参戦して勲七等に叙せられており、ロシアで生存していたと噂される隆盛がニコライとともに帰国して勲章を剝奪《はくだつ》するのではないかと恐れていた。ちょうど近くの西南戦争の記念碑を見て当時を思い出し、巡査としての不遇な生活に不満を感じて皇太子を殺害し、鬱憤《うっぷん》を晴らそうとしたと供述している。

大津事件の一ヵ月ほど前、『時事新報』(一八九一年四月一〇日付)に漫言《まんげん》「西郷どんの帰来怖くない」が掲載された。

そこではロシア皇太子とともに隆盛が帰国するとの噂があるとし、「事実は兎《と》も角《かく》も其《その》噂の世上に流布するは事実」であり、熊本の雨、田原坂の風、城山の露、「嗚呼《ああ》恨めしやヒュードロドロとやらかされては是《こ》りゃ堪《たま》らぬ」と震え上がる人が多いと揶揄《やゆ》している。

漫言は、質素な生活を送った隆盛が「鹿鳴館の宴会」や「帝国ホテルの料理」などを見たら驚き、冥土に帰って開墾した方がよいと立ち去るだろうから、西郷どんの帰来など怖くないというわけだが、実際に恐れていた人物が、最悪の事態を引き起こしてしまったのである。

事件翌日、警察を所管する従道は松方首相に、「魯《ろ》国皇太子殿下御遭難に付《つき》、御滞留地非常警衛の為《た》め、陸軍大臣へ協議」し、今朝、憲兵士官五二名を京都に向けて派遣したと報告している（『松方正義関係文書』第八巻）。ニコライは負傷して京都のホテルで治療を受けていた。

従道の対応

大津事件の処理に際して、政府が大審院長の児島惟謙《こじまいけん》に圧力をかけ、日本の皇族を対象とした大逆罪《たいぎゃくざい》を適用すべきだと主張し、児島がこれを拒否、司法権の独立を守ったことはよく知られている。

児島は、通常の謀殺未遂《ぼうさつみすい》、無期徒刑《とけい》の判決が下されたあと、従道のもとを訪問して顚末《てんまつ》を報告したが、その際、従道は、「何故《なにゆえ》に兇悪《きょうあく》なる津田三蔵の生命を絶つを得ざるか」、「国家の安寧《あんねい》」がこれによって傷つけられ、いまや戦争も避けられなくなったと苦言を呈したという。これに対して児島は、もし戦争になれば自分も裁判官も一隊を組織して「国民軍」となり戦うと応じた。

従道は汽車で去り際、「最早《もはや》裁判官の顔を見るのも忌《い》やです」と言い放ったが、児島は、それは従道の勝手だが、「腕力と鉄砲では法律の戦争には勝てません。……場所柄をも顧みず国務大臣の口にすべきことですか」と返したと回想している（『大津事件顚末録』）。

滋賀県民の総代は従道と面会し、ロシア政府に「今回の如《ごと》き凶変《きょうへん》」を見ることになったのは住民にとっても「痛憾」の至りであり、今回の犯行を憎み、卑しみ、罰するべきで、事件が「永久大津町の声誉《せいよ》を汚辱《おじょく》した」ことを「悲歎」している旨、伝達するよう要請した。従道はこれを駐ロシア公使の西徳二郎に送り、ロシアの外相に伝達するよう依頼している（『湖南事件―露国皇太子大津遭難』）。

明治天皇は自ら皇太子を見舞い、従道は青木周蔵外相などとこれに同行しているが、滋賀県民と同様の感情と国防に対する危機感とが従道を支配し、児島への圧力として表出したのであろう。

結局、従道は青木とともに引責辞任した。松方内閣自体は存続したものの、大幅な改造を余儀なくされ、榎本武揚外相、品川弥二郎内相などを配した非元勲内閣となった。

選挙干渉問題

福沢が新内閣に寄せた期待とは裏腹に、松方内閣と議会は予算審議をめぐって衝突し、一八九一年一二月に松方は衆議院を解散、翌年二月に行われた第二回衆議院議員総選挙では激しい選挙干渉が行われた。

伊藤は、政府に融和的な多数勢力を形成すべく、政府系政党の結成に向けて動き出し、伊藤と従道の二頭体制を組むことが模索された。伊藤新党問題に対応するための元勲会議（従道は欠席）が開かれ、その後天皇は伊藤に計画を断念するよう促したが、伊藤は翻意しなかった。

松方は辞任を表明し、後継に伊藤が擬《ぎ》せられた。政党結成問題が後景に退いていくなか、従道らを含めた全元勲級指導者会議が開かれて、今後の方向性を決定することになる。当時枢密院議長だった伊藤はこの頃、下野して「立憲帝政」の趣旨を主張し、人民に「正義勤王」の精神を養わせたいと述べた。

だが、伊藤、井上、山県、大山、従道、黒田、松方が首相官邸に集まって開かれたこの会議では結論が先送りされた。従道はやはり伊藤寄りだったようだが、天皇が政党結成に反対していたことで、他の元勲もこれに抵抗、伊藤の政党結成計画は頓挫する。同じ頃には、熊本国権党の佐々友房《さっさともふさ》を中心に、伊藤と従道を担いだ新党結成構想も持ち上がっていた。だが、こちらも実現しなかった。

他方、元勲級の彼らの間では、意思疎通を緊密にすべきだという共通理解が生まれ、一八九二年四月一五日に従道邸で会合が開かれる。短期的には、伊藤の政党結成問題で軋轢が生じた薩長元勲間の関係修復を目指して、「双方打ち解けて笑い合わんとの意」から開かれたもので、伊藤、井上、山県、黒田、大山、従道が出席した（『読売新聞』一八九二年四月一七日付）。

その一方、伊藤の新党構想、それに同調していた従道の姿勢、さらには伊藤・西郷を戴《いただ》く新党構想が、後述する国民協会結成の伏線となっていく。

2　国民協会の結成へ――体制内組織の中心

温和派の再建

初期議会期、つまり日清戦争前の第六議会までは、自由党や立憲改進党といった民党に対し、政府寄りの姿勢を示した「温和派」と呼ばれる勢力があった。その中心は大成会や中央交渉会といった院内会派が担っていた。

一八九二年（明治二五）五月に始まった第三議会では、松方内閣下、品川弥二郎内相主導による第二回衆議院総選挙での政府の選挙干渉を批判して内閣の退陣を求める決議案が可決される。解散や総辞職といった法的拘束力はないが、温和派内の足並みの乱れが顕在化し、一八九二年五月に議会は初めて停会となる。

松方は、議会を解散すれば将来に「大害」が生じるとする伊藤と山県によって解散権を封じられ、議会の多数派工作に動かざるを得なくなっていた。自由党も、松方が退陣した後は伊藤を後継として、政権に参入したいという意欲を見せはじめていた。行政処分による新聞の発行禁止・停止を撤廃する新聞紙法案が衆議院を通過するが、そこにも政府と自由党間の合意があったと言われる。

これまで政府に協力的だった中央交渉会は、政府と自由党との密約を知って激怒する。それは、議会内で超然主義支持の立場をとってきた自らの存在意義を否定する裏切り行

民党と吏党、1890年代を中心に

民党		吏党
立憲自由党　90年9月 旧自由党3派を中心に結成 ↓ **自由党　91年3月** 総理 板垣退助 藩閥政府に対抗 第2次伊藤博文内閣に接近 板垣が内相として入閣（1896年4月）	**立憲改進党　82年3月** 総理 大隈重信 自由党と民党連合結成 自由党が内閣に接近し、連合解消 対外硬派連合を結成 国民協会と連携 ↓ **進歩党　96年**	**大成会　90年8月** 旧帝政党系などを中心に結成 ↓ **中央交渉会　92年4月** 温和派の内閣支持議員を中心に、第3議会前に結成 ↓ **国民協会　92年6月** 会頭 西郷従道 副会頭 品川弥二郎 中央交渉会を改組 改進党と連携し対外硬派連合を結成

出典：詳説日本史図録編集委員会編『詳説 日本史図録』（山川出版社、2023年）を基に筆者作成

為だったからだ。

この事件を契機に中央交渉会は、新たに温和派の組織化を目的とした国民協会結成の動きを加速させる。当時、内務次官の白根専一は、前任の品川弥二郎内相の方針を引き継がず、新聞紙法案に賛成する副島種臣内相を批判していた。こうして白根グループと中央交渉会、従道や品川が結集する動きができあがっていった。

温和派議員の間で、政党組織結成の動きが生まれ、温和派の有志から従道に総理就任の要請が届いた。従道は「大将」になることは辞退したが、再三の説得を受けて、「大将」となってから「行政官」に戻ることもできないと述べ、この条件が容れられれば、「国家の為」尽力することを約束し、組織構成については白根などに委ねる態度を

とった。超然主義の立場から従道は、閣僚として政党と距離をとっていたが、政府と議会との紛糾、解散や選挙干渉が続くなかで、「国家の為」、親政府系政党に与することを決意した様子がうかがえる。行政官を兼ねないのは、超然主義への配慮からだった。

かつて、対外的な独立と国内の秩序を維持し、その体面と安定を維持しながら、産業や開拓などによって発展を企図してきた「国家」は、いま議会の安定的な運用を求める形で、従道の前に姿を現しつつあった。

このとき、積極的に動いたのは品川である。品川はこの従道の姿勢を賞讃し、隊伍が整うまで尽力すると述べている。品川は従道が農商務卿時代に重用した部下であり、温和派の組織化という方向性を共有しつつ、厚い信頼関係で結ばれていた。

白根専一

品川弥二郎

政党結成の方向性は、伊藤の新党構想に近いものがあった。井上も似た構想として自治党の結成を企図したことがあり、品川は井上に書簡を送り、その支持獲得に動いている。品川が構想したのは、政党と社交クラブの二本立ての組織で、超然主義との親和性を保ちつつ、温和派の議員を網羅しようという試みだった。

だが、井上が品川を支持することはなかった。

六月三日、井上は品川に宛てた書簡で、従道が「総理の任」に就くことについて、組織を厳密に編成しなければ「配下兵卒」の統制がとれず、隆盛の「心事」を分析すると、「王室え尽忠《じんちゅう》の篤志《とくし》」はあったものの、結果としては「朝敵《ちょうてき》」になったとして、従道の「政党」も意味は同じだろうと述べている。井上は、従道に隆盛と同じ轍《てつ》を踏んでほしくはなかった。

さらに、井上は品川には国家や他人を害することがないよう、「何党」と名乗ることに釘を刺し、山県、黒田、伊藤と熟議のうえで新団体を組織すべきだと助言している(『品川弥二郎関係文書』一)。

国民協会の発足――社交クラブとして

その後、品川は政党と社交クラブの二本立てではなく、まず社交クラブを発足させる。

伊藤の了解を得たとの認識を踏まえて、一八九二年六月二二日、東京ホテルで国民協会創立準備委員会が開催される。ここで披露された「国民協会趣意書」は、日本が「外国の汚辱」を被らずに「独立の国体」を維持してきたのは、「皇室の稜威」と「臣民の忠勇」によるとし、国家の隆盛のためには国民の協同一致が必要であり、そのために同志が協力し互いを補い、知識を交換するとうたっていた（『品川子爵伝』）。

国民協会は政党ではないが、会頭や幹事を置くなど、院内会派とは異なる政党に類似した社交クラブだった。『郵便報知新聞』（一八九二年六月二三日）は、「名を社交倶楽部に籍《ママ》て、一政党を組織す」と国民協会を評している。

政策綱領には、勤倹着実、内政改良、政費節減、民力発達、冗費淘汰、国家枢要事業の助成、条約改正、漸進的な言論・集会の自由の実現を掲げていた。

従道と品川は六月二二日付で枢密顧問官辞任の意向を示し、三〇日に辞表が受理された。この間の二四日、同志の懇親会に従道とともに出席した品川は、従道と自分が国民協会に参加するのは「咄嗟《とっさ》」の思いつきではなく、「充分談合」した上でのことであり、誠心誠意国家のため、国民のために尽くすと演説している。従道は奥羽北陸地方、品川は九州四国中国地方に遊説することとなった（『品川子爵伝』）。また、従道も演台に立ち、諸君と提携して「国家の富強民力の休養を計らんことを期す」などと語ったという(『日本』一八九二年六月二五日付、傍点原文)。『朝野新聞』は六月二四日、従道が遊説にあたり、「官員を離れて広く民間有為の人々に接する積《つも》りです」「今日は人の力を実地に就《つい》て見るのが一番大切です」と述べたと伝えている。

従道と品川の入会を受け、七月一日に国民協会は芝公園で集会を開いて実質的な活動をはじめた。だが、井上のみならず伊藤も了解を与えておらず、松方も消極的だった。中央交渉会からは、有力人物の井上角五郎と末松謙澄《すえまつけんちょう》が参加せず、議席数は想定より少ないものとなり、中央交渉会の議員九五名のうち、国民協会に参加したのは七〇名、国権論的傾向の強い九州出身議員の比重が大きかった。

国民協会は、松方内閣で欠員となっていた内相、司法相、農商務相の三つの閣僚ポストを獲得し、政局の主導権を握りたいと考えていた。従道の指示のもと、白根と井上毅《こわし》、渡辺洪基《ひろもと》の入閣を目指して運動し、従道も薩摩閥の閣僚に周旋した。だが、入閣は叶わなかった。

国民協会は発足早々から凋落の兆しがあった。農商務相の河野《こうの》敏鎌《とがま》が内相に転任するにあたり、国民協会に特別待遇を与えることはせず、単なる「一個の党派」として扱おうとしたからである。さらに、河野は松方に対して、国民協会に集会及政社法に基づいて解散を命じることも躊躇しないこと、白根次官を転任させること、県民に嫌われている白根・国民協会系の知事を処分することの三条件を示し、松方がこれを受け入れた。七月一四日に河野が内相に就任して法相を兼務し、佐野常民《さのつねたみ》が農商務相に就任する。国民協会は入閣の当てが外れたばかりか、むしろ政府から排除される可能性が生まれていた。さらに、松方は白根に内務次官辞任を勧告し、白根は辞表を提出し内務省を去ることになる。

メディアの評価

藩閥指導者と国民協会の関係が揺れるなか、知識人や各メディアはその距離感について、さまざまに論評していた。

たとえば、田口卯吉は次のように述べている、品川がどれだけ現松方内閣を弁護しようとしても、それが本音かどうかはわからず、「現内閣も又《ま》たこれと同一」で、品川を信用しているかは疑わしいとする（「西郷伯及ひ品川子」『東京経済雑誌』一八九二年七月）。的を射た観察だった。

民党の雄たる自由党は、従道の国民協会への参加は不適合と捉えていた。『自由党党報』は、「紛々《ふんぷん》たる政党の事に与《あず》かる」のは従道にとってふさわしい「場」なのかと疑問を呈し、従道を推す人たちの思惑を従道は認識しているのか、と問うている（「西郷伯」『自由党党報』一八九二年六月）。

『日本』（一八九二年六月二六日付）は社説「西郷品川論」で、国民協会は「薩長藩閥政府内の強硬派を代表」して民間に下ったに過ぎず、民間で専制主義を促進しようとする運動だとして、「殆《ほとん》ど論評するの価値なし」と断じた。

『東京日日新聞』（一八九二年六月二六日付）は社説「西郷伯と品川子」で、立憲国家における政治家の発言として、両者のそれは「豪放粗硬」に過ぎるが、「憂心」を抑えがたく同志を集めた点は評価し、品川が私淑する隆盛の座右銘として「断而行之鬼神避之」（断じてこれを行えば鬼神《きじん》もこれを避く）の八字を贈って、国民協会の前途に期待した（傍点原文）。

『郵便報知新聞』も同日付社説「西伯品子の入党」で、従道が国民協会に入会して政党の首領となったことは、「専制的空気」から「立憲的気将《ママ》」への転換を示すもので、これまで文部、内務、海軍、農商務と「政界の八百屋」を務めてきた従道は、八百屋としての分別を発揮して、政党の首領として「案外首尾を呈せんも図る可らず」と期待を寄せている（傍点原文）。

新聞各紙は従道について概ね肯定的だったが、その党派的行動や、民間への藩閥勢力拡大を警戒する声も少なくなかった。

より政治的な国民政社の結成へ

松方による河野敏鎌の起用については、閣内で高島鞆之助陸相と樺山資紀海相が反対していた。河野が内相転任にあたって三条件を示し、高島らがこれに異議を唱えたためである。河野の内相就任後、彼らは閣議を欠席する。河野が条件通り、県民に嫌われている六人の知事を交代させると、ほかの知事たちが松方首相に抗議、高島と樺山もさらに反発し、自宅に引き籠もってしまった。

七月二七日、松方は首相辞任を天皇に奏上する。天皇が受け入れずに一旦は辞表を撤回したが、山県、井上、山田、黒田、従道ら元勲の間では松方への辞職勧告工作が進んでおり、松方もこれを受け入れて天皇も諦めた。次期首相には、伊藤が就くことになる。

一八九二年八月八日に第二次伊藤内閣が発足し、自由党は政党関係者との関係が深い伊藤と提携する態度を示したが、伊藤は超然内閣を方針とした。伊藤は国民協会を含めた全党派を排除し、内相に就いた井上馨は国民協会などすべての党派に厳正中立の態度をとるよう各府県に命じている。品川はこれに不快感を示したが、国民協会では、政府の圧力で離脱するメンバーも出はじめていた。

これに対して、従道や品川は全国遊説に出て支持獲得を訴えた。だが、閣内にいた黒田清隆はこれを党勢拡張運動だと警戒し、山県もその政社的性格に批判的態度をとっていた。

国民協会は、一一月二〇日の創立大会に向けて、政社を併置する動きを見せていた。政社とは政治結社のことで、政党と同義であり、集会及政社法で相互の連携などが禁じられていた。あえて政社を組織し、これを前衛、実働部隊として、協会を国民的勢力に発展させせようと考えたのである。熊本国権党の佐々友房は、国権の拡張と東洋問題の研究を掲げ、政治、教育、農工商業の発達のために尽力する団体として国民協会を位置付け、政治部門を担当する政党として「国民党」の結成を構想していた。

創立大会では、国民協会はあくまでクラブ組織とされ、従道が会頭に就任した。佐々の意見は採用されなかったが、政社設立を求める意見が出された。この結果、一一月二四日に「国民政社」が発足する。国民政社は、国民協会と同じ趣旨に立ちながら、政治上の意見を明らかにし、統一的な運動を起こすことをうたっていた。

国民政社は、立憲君主政体の強化、自治行政の発達、教育の奨励、実業の振興、陸海軍備の充実、国権の拡張を政策綱領として掲げた。会長は設置せず、国民協会の会頭である従道と副会頭の品川が指導する体制がつくられた。

「国家」をいかに構築すべきか

大久保利通の次男で、当時福井県知事だった牧野伸顕によると、地方遊説に赴いた従道は、自分で演説はせずに、品川が国民協会の趣意を述べて、「宜《よろ》しく頼む、位の挨拶をせられて後で地方有志を招待し、酒席に移る」というスタイルだった。闊達で酒が強いため、地方でも受けがよく、数十人の随行者の旅費をすべて従道が賄ったと述べている（「牧野老伯西郷従道侯を語る」）。

従道は、まったく演説しなかったわけではないらしい。『国民之友』（一八九二年九月）「西郷伯の卓見演説」では、従道の東北地方での演説を次のように伝えている。

岩手県では、第一議会から第三議会まで、「国家の骨髄となるべき事業」が「一種の感情」によって妨害され、そうした「感情」は「国家の盛衰」を顧みないと批判し、「国家的主義」によって着実に事をなす必要性を説いた。青森県では「立憲政体」の重要性を語り、国家に重大な関係を持つ実業の発展に従事してほしいと述べている。

当時国民協会に在籍していた元田肇によると、東北遊説の際に地元の有志が従道に意見を問うたとき、従道は、詩に平仄《ひょうそく》と押韻があるように「国家の大事」も同様で、一方面ではなく「軍備」と「実業」を並行して進歩させなければならない。それが「私の大方針である」と語り、周囲を納得させたという（「明治元勲印象録」）。

従道は、議会における民党の政府攻撃を国家を顧みない感情によるものだと捉え、それに対して「国家的主義」が必要だと考えていた。従道の「国家的主義」とは、愛国心に基づき、国家全体の利益を実現していく主義を意味するのだろう。従道は、政策の着実な履行、特に軍事と実業こそが重要との信念を持っており、その考えが従道の政治活動を支えていたのである。

一八九三年一月一八日に、国民協会設立に寄与した愛媛県の有力者・清家信篤に宛てた書簡で従道は、次のように述べている。「愛国の精神貫徹」して「将来益御尽力」してほしい、それが「国家」の「希望」になると（「憲政資料室収集文書」）。

従道は「愛国の精神」を重んじていた。一八九〇年に文部官僚の伊沢修二が国家教育社を設立した際、機関誌の『国家教育』に祝辞を寄せた従道は、「国家の元気」を振興して「国家の幸福」を増進するには、「国家教育の主義」を拡張し、「忠君愛国の志気」を涵養する必要があるとして、「国家教育の本義を講明」しようとする伊沢の取り組みに賛意を表明している（「祝辞」『国家教育』一八九〇年一〇月）。

従道が目指すべき「国家」は、政治や軍事、警察、インフラ、実業、開拓、教育といった多方面から構築されるが、その担い手は民党ではなく、あくまで藩閥政府や陸海軍、有志であると信じていた。

3　離脱と海相復帰――天皇の嫌悪

天皇の「遺憾」と兄弟の「罪」

第四議会（一八九二年一一月～九三年二月）閉会後の一八九三年（明治二六）三月一一日、第二次伊藤内閣は閣僚の大幅な交代を行った。この内閣改造で従道は海相として入閣する。この国民協会の会頭の入閣が、大きな波紋を呼ぶことになる。

この時期、従道は九州地方へ遊説に赴く予定だった。当時の新聞各紙も、内閣改造での海相候補に関する観測記事のなかで、従道の名をまったく挙げていない。従道の入閣が公になると、『国民之友』(一八九三年四月)は「西郷伯の入閣」で、従道が「薩の代表者」として入閣し、長州閥との関係を円滑にするうえで、「伊藤内閣に欠くべからざる人」との評価を示している。

反藩閥である『自由党党報』(一八九三年三月)も、海軍は「政府中最暗黒の処」であり、まずここから改革しなければならないため、「力を要する」が、従道が進んで「錯《さく》節《せつ》の局に当る」のは壮挙と言わなければならないと期待を寄せた。

第四議会では衆議院が、予算案のうち、甲鉄艦の建造費や官吏の俸給、官庁の経費などの大幅な削減を要求している。軍艦建造費のために六年間、内廷費三〇万円と官吏の俸給一割を献納するといった「和《わ》協《きょう》の詔《しょう》勅《ちょく》」によって、政府は面目を保ったが、海軍の改革を議会に約束せざるを得ない状況になっていた。

自由党は、軍政と軍令の区別明確化や定員の削減、経費の節減などを求める建議案を提出している。この改革のため、元勲で海相経験の長い従道に白羽の矢が立ったのである。

さらに、従道の国民協会への関与を天皇が嫌っていたこともあった。

内閣改造二ヵ月前の一月一三日、天皇の意を受けた侍従長の徳大寺実則は伊藤に、次のように伝えた。従道が国民協会を創設して政府を援助しようとしながら、実際は党員に制せられて政府に抵抗している。天皇は結果として「維新の元勲をして、兄弟倶《とも》に罪に陥らしむるが如《ごと》きことあらば、遺憾これに過ぐるものなし」と「思召《おぼしめ》」されている。機会を見て「脱会」させることはできないか。いまのままでは「要路に登庸《とうよう》するも亦《また》難《むずかし》からん」というのが「叡慮《えいりょ》」である（『明治天皇紀』第八）。

海軍改革は伊藤の宿願と宿題であり、そのためにも、従道の脱会と入閣は不可欠だった。

海相復帰、国民協会からの離脱

仁礼景範海相が三月一日に辞意を示すと、従道の海相就任、つまり国民協会脱会工作が進められた。八日に陸相だった大山巌が沼津の別荘にいた従道のもとを訪れ「海軍改革の困難」に対応するため、ともに尽力してほしいと説得をはじめた（『毎日新聞』一八九三年三月一二日付）。

大山の話は、海相に任命する天皇の「聖旨」を帯びていた。従道はこれに対し、「亡兄隆盛」であれば分別もあるだろうが、自分はいかんともしがたく、「深く叡慮」を悩ませている以上は、まず帰京して相談に応じたいと述べたという（『時事新報』一八九三年三月一二日付）。

三月一〇日には黒田が従道を説得、さらに「勅旨」を携えた伊藤が従道に海相就任を勧告する。この日、従道は「思召」に攻め付けられて入閣を承諾したと品川に伝えている。

超然内閣への入閣は、国民協会脱会を意味する。衝撃を受けた品川は佐々にこの日、従道の脱会によって国民協会の勢力が後退することは免《まぬが》れず、従道は海軍を放棄して国民協会を維持する選択はしないだろうと述べている。

天皇からの「思召」「叡慮」「勅旨」がある以上、従道はそれに従うしかなかった。国民協会内では当然、異論が出た。『毎日新聞』（一八九三年三月一二日付）は、三月一〇日夜に従道邸で国民協会の協議会が開かれ、「今更入閣するは実に不都合なり」と反対する者がいたが、設立当時とは時勢も一変しており、入閣したうえで「〔国民〕協会の精神」を実行してほしいとの声もあり、品川は後者の立場だと報じている。

品川は、「形式」上は脱会するとしても、「精神」は生かしてほしいと期待し、せめて国民協会の勧告で入閣した形をとろうとした。だが、これも叶わなかった。結局、従道は三月一一日に海相に復帰、一三日に国民協会を脱会する。

海軍内では従道を歓迎する声が多かったようだ。政府の御用新聞と見られていた『国会』（一八九三年三月一二日付）は、海軍部内の多数は「伯の命令に随う傾き」であり、海軍省内の「重なる人々は西郷伯に任命あるべき報を聞き孰《いず》れも早朝より出省」し、従道の就任の挨拶を受けて「満足の意」を表したと伝えている。

他方で『郵便報知新聞』（一八九三年三月一四日付）は従道と国民協会との最後の別れを伝えている。三月一三日に従道が内幸町の国民協会事務所で、今回の入閣は国民協会員としての入閣である、諸君と別れることはなく、海軍改革にあたりたいと演説し、品川はこれを受けて、従道と国民協会との関係が断絶したわけではなく、「我協会の為めに一層の気焔《きえん》を吐くの好機」だと述べたという。

国民協会関係者の声

国民協会に近いと見なされていた『中央新聞』は、これまで自由党や立憲改進党といった民党を政権争奪の私心に基づいた政府攻撃のみに専念し、国民に不親切だと批判していたが、三月一二日付の同紙社説「西郷伯の入閣」で、従道が「君国のため」に私的利益を捨て、自ら海軍改革の「犠牲」となろうとする「志」を「多とせざる可《べけ》んや」と評している。

『中央新聞』を主宰し、自らも国民協会に参加していた大岡育造は三月二九日付の同紙社説「国民協会と新聞」で次のように記している。『中央新聞』は「国家主義を執りて其の見る所毫《ごう》も国民協会に異ならず」と述べたうえで、「中央新聞を以《もっ》て同志に供《きょう》し、以て国民協会の機関たらしむるに決せり」と名実ともに機関紙となることを宣言し、従道が「国家主義を奉ずる者」として「国家機関の渋滞を見て喜ぶを得ず」、やむなく海相となったとして、従道の「義俠《ぎきょう》の精神を賞揚」し、入閣を批判する声を牽制した。

しかし、会頭脱会という衝撃は、国民協会にとって甚大だった。国民協会はその後も存続したが、一八九九年七月一四日に会頭だった品川が枢密顧問官に就任し、それに先立って七月四日に解散、帝国党に改組する。従道はこの間、国民協会とは基本的に縁を切っており、帝国党内で一九〇〇年四月頃に従道を担ぎ出す計画があったものの、実現しなかった。

『時事新報』（一八九三年三月一四日付）は「西郷伯の心事」と題する記事で、従道は品川に対し、海相就任は世間から批判を浴びるだろうが、「只一身《ただいっしん》を以《もっ》て聖旨《せいし》に答え奉《たてまつ》る積《つもり》なれば何事も覚悟の上」と話したとして、「伯〔従道〕の心事も亦《また》哀れなり」と同情を寄せている。記事が伝えるように、「聖意に応ぜざるの事実は何処迄《どこまで》も事実」であり、天皇の意に応えないのは「如何《いか》にも恐れ多き次第」だった。

4　内相時代の内地雑居——反キリスト教対策

キリスト教と内地雑居

さて、従道は日清戦争時を含め、以後長く海相を務めた。そして、一八九八年（明治三一）一一月八日、第二次山県内閣で内相に復帰する。国内の治安を担当する内相の従道にとって、この時期の最重要課題は、一八九九年七月に迫った欧米列強との改正条約の実施を、円滑に進めることだった。

日清戦争開戦直前の一八九四年七月一六日、日英通商航海条約が締結され、領事裁判権が撤廃、関税自主権を一部回復する。日本は完全ではないながら、念願だった条約改正に成功していた。これにともなって、日本は外国人の国内への居住、いわゆる内地雑居を受け入れ、彼らの権利を全面的に認めることになる。ここで特に問題となったのが信教の自由であった。日本は明治憲法で信教の自由を認めていたものの、キリスト教の布教を公式的に許可したことはなく、曖昧な状態が続いていたためである。

内地雑居については、条約締結段階でも帝国議会で紛糾していた。内地雑居反対派は、キリスト教の流入によって、日本人が宗教の奴隷となって国民精神が軽侮《けいぶ》され、仏教とも衝突を起こすと批判していた。陸奥宗光外相はこれを押し切って条約を締結していた。

内地雑居の実施を控えた一八九九年六月三〇日、明治天皇は「列国の和親」は「朕《ちん》が中心の欣栄《きんえい》」とするところであり、外国人と交わって「品位」を保ち、「帝国の光輝」を発揚するよう詔勅を発している。七月一日には、内閣も外国人の権利を保全して、安楽に国内に居住できるように努めるのが政府の責任であり、国民の義務であると訓令した。

国内の治安を司る従道は四月二五日の段階で、全国の知事を集めた地方官会議で、条約実施にあたって失態があれば帝国の威信にかかわり、外交の将来に支障を来す。そのため、警察署に通訳を配置するなど丁寧に外国人に対応し、またそのキリスト教式の埋葬の権利を守るよう指示している。

当時、国内の仏教は、キリスト教は横暴で忠孝の精神を阻害すると批判し、自らを「公認教」とする運動を展開していた。これに対して七月三一日、従道は仏教各宗管長に、次のように訓示している。

明治憲法は、安寧秩序を妨げず、臣民の義務に背かない限り、信教の自由を認めている。「臣民一切の宗教行為」に「憲法の精神に基きこれが取締」にあたりたい。「宗教の異同」によって反目するようなことは許されず、くれぐれも「軽作《けいさ》の挙動《きょどう》」がないようにしてもらいたい、それが「聖旨」に基づく詔勅の意図である（『読売新聞』一八九九年八月一日付）。

従道はあくまで、「国家」の安定と「聖旨」の遵守を履行する覚悟だった。

公認に向けながらの「否決」

内務省は、外務省の要請を受けてキリスト教の公認に向けても動き出す。七月二七日に省令第四一号を発令し、行政的な管理のもとで公式的にキリスト教の布教を認めた。手放しでその布教を受け入れたわけではない。従道は省令案を閣議に提出するにあたり、この訓令で「有形」部分、つまり教会堂などの施設の取り締まりを行い、「無形」部分、つまり信徒団体や布教、儀式などについては結社法規と宗教法によって取り締まると述べている。

実際、一二月には帝国議会に宗教法案が提出され、山県首相は「信仰の内部」には立ち入らないものの、寺院や教会の設立、信徒の集会、教規、宗則といった面を監督し、「社会の安寧秩序を妨げず又臣民の義務に背かないように致す」のが国家の義務であり職責だと語った（「帝国議会会議録」）。

宗教法案は、仏教とキリスト教、教派神道を同等に扱って取り締まりつつ、非課税特権や自治権などを付与したものだ。自らのみを「公認教」としたい仏教各宗派は強く反発した。貴族院では未認可のままキリスト教団体が活動することなどに法案が十分対応できていないといった批判が高まり、否決される。内務官僚だった水野錬太郎《みずのれんたろう》によると、否決を受けて宗教局長が責任をとるべく辞表を提出すると、従道は責任は大臣にあると言って却下したという。従道は仏教各宗派の代表者を自邸に集め、宗教法案のことは水に流して、「将来宗門の為」に尽くしてほしいと述べ、酒席の場を設けて歓談した（「歴代内相の面影」）。

治安警察法の運用の模索

宗教法案の否決によって、仏教各宗派とキリスト教との衝突の危険が高まり、国内の秩序を乱しかねないキリスト教への法的取り締まりの一翼が欠けることになった。そのため内務省は、治安法規、つまり治安警察法によって、宗教の取り締まりを図っていくことになる。

治安警察法は、政治結社の結成や集会の届け出、警察官や女子などの政治結社加入禁止、警察官による集会の解散権、内相の結社禁止権などを定め、街頭での治安や風俗に反する印刷物の掲示・頒布《はんぷ》・朗読を禁じたものである。帝国議会での審議過程で、宗教の教師も政治結社への加入が禁止され、宗教結社も政治結社と同様の扱いとすることとなった。

一九〇〇年二月、治安警察法が成立したことを受け、五月一二日、従道は訓第五〇七号を通達する。ここでは、以下のように述べられている。

仏教公認教運動のように、「宗教制度に関する意見」を遂行しようとする集会や結社は「国家の制度」を議論するものであり、「政事集会又は政事結社」と見なすべきで、治安警察法によって厳重に取り締まらなければならない。

政治結社で届け出ないものは「訴追」し、宗教の教師や僧侶であるがゆえに、政治的な言論・結社の行為を見逃されるようなことはあってはならない。特に彼らが「無稽《むけい》の言語若《もしく》は詐術《さじゅつ》」によって「民を惑」わして「公安」や「風俗」を害する行為は警察が適切に措置すべきである。宗教に関する演説も、同法によって取り締まらなければならない（「宗教に関する集会結社其の他取締上に付訓令并通牒《つうちょう》（発議）」）。

内務省は、宗教活動も治安を害する場合には徹底的に取り締まることを示していた。かなり踏み込んだ対策だが、対外的には内地雑居と信教の自由を認めて外国人に配慮することを示していたため、あくまで内々の通達とし、「目に見えない」対応をとった。従道がそれを主導したのは、「国家」の秩序と体面に対するこだわりのゆえだった。

モルモン教問題

こうした対策のうえで、内務省が最も警戒していたのがキリスト教の一宗派であるモルモン教である。

新聞各紙は、モルモン教が一夫多妻制を採用していたため、これを日本に持ち込まれるのは「文明国」としての体面を傷付けられることになるのではないかと批判を展開していた。

内務省も座視することはできず、一九〇〇年八月二四日に、モルモン教の布教師が来日したことを受けて、内務省警保局長・宗教局長が連名で、布教活動を厳密に視察するよう通達している。一〇月一九日には、モルモン教が一夫多妻を宣伝しているか、「宗長《プレジデント》」が宗教上・政治上の「無限権力」を説いて「国法を無視」する点はあるか、彼らの根拠地であるアメリカ・ユタ州への移住を勧めているかの三点に注意するよう、あらためて通達している（「モルモン宗教師の行動注意方（通牒）」）。

一一月にモルモン教の布教は認められたが、内務省は警戒を続けた。

一九〇三年には、モルモン教の組織、信仰の内容、モルモン教への批判などについてまとめた詳細な報告書が内相に提出されている。すでに従道は一九〇〇年一〇月に内相を退任しているが、内容を見ておこう。

一夫多妻は一八九〇年に放棄しているものの、実際は「一夫多妻の関係は持続」しており、「宗義」としては「多妻尚モルモン宗に存する」との批判を紹介し、「宗長《プレジデント》」も「全権」を有して「専制主義」をとっており、外国布教にあたっては移民をユタ州に

「誘致」しているといった問題が指摘されている、などと記している（「「モルモン」宗（宗教局）」）。

ただ、こうした事例はアメリカやイギリス、フランスにとどまったため、内務省は布教を認めざるを得なかったようである。モルモン教への対応について、『東京朝日新聞』（一九〇一年八月二四日付）の取材に答えた内務省当局者は、アメリカでは一夫多妻が事実上続いていると聞いており、日本でも法令に則った対応をとるが、あくまで信教は自由であり、「特別の行為なき」場合は、「漫然《まんぜん》たる推測を以《もっ》てこれを禁止すること能《あた》わざるべし」と語っている。国内法に抵触しない限り、世論の反発があっても、内務省も取り締まることはできなかった。

従道の「国家」安定への熱意も、あくまで法的枠組みのなかでのみ、行使されなければならない。それはモルモン教への対応でも同様であった。自らが建設に携わってきた明治国家は、法治国家としての成熟期を迎えていた。

従道はこの間の一九〇〇年一〇月一九日、第二次山県内閣の総辞職に伴って、長い閣僚生活を終えている。

第5章

晩年と私生活

1　首相への推薦と幻の組閣

首相選定の立場——第二次松方内閣の発足と崩壊

一八九八年（明治三一）一月八日、参内した伊藤博文は、内外の厳しい情勢を踏まえ、首相以下の閣僚の任命にあたっては、「元老」を召して審議させるよう奏上し、天皇はこれを認めた。

元老とは明治政府の成立に大きく貢献した人々で、基本的に天皇から「元勲」として優遇する詔勅を下された。一八九六年頃から、彼らを「元老」と呼ぶようになり、首相を事実上決定していく役割などを担った。この際、「元老」に想定されていたのは、それまでもその任にあった伊藤、山県有朋、井上馨、黒田清隆、松方正義に、従道と大山巌を加えた七名である。

以後、首相を推薦する任務を担う元老を従道は晩年まで務め続けたが、前章でも触れたように、首相選定にはこれ以前から関わっていた。

一八九六年八月二八日に第二次伊藤内閣を率いていた伊藤が辞表を提出し、九月一八日に第二次松方内閣が発足するまで後継首班が議論されるようになる。その間、山県や松方などの名前が上がるなか、九月四日に井上と松方に面会、芳川顕正（第二次伊藤内閣法相）にも面会と、従道は慌ただしかった。『東京朝日新聞』（一八九六年九月六日付）は従道について、「平素周旋家とも聞えざる此侯《このこう》」の「奔走」ぶりに驚いている。

従道自身もこのとき首相候補に挙がり、各紙を賑わしていた。『東京朝日新聞』は「西郷侯の位地《ママ》は如何《いか》なる方向にも故障少なき方」であり、総理となれば陸海軍相にも適任者を据え、現内閣からの留任者も多いだろうとして、「今日の場合西侯の総理大臣たるは最も適当なり」と推しているが、本人は辞退したと報じている（一八九六年九月九日付）。また、松方邸で元老会議が開かれて黒田や井上などが代わる代わる従道に総理を引き受けるよう説得したが、「つまる処《ところ》は例のぐずぐずにて終」わったと、辞退の様子が伝えられた（『日本』一八九六年九月九日付）。第二次松方内閣発足まで時間がかかった原因を従道に求める報道もあった。第二次伊藤内閣で海相だった従道が、新内閣の方針をめぐって留任か否かで揺れていたからである。

結局、従道は海相に留任し、第二次松方内閣が発足する。松方は大隈重信の進歩党との連立を組んだため、「松隈《しょうわい》内閣」と呼ばれるが、『日本』（一八九六年九月二四日付）は社説「松隈内閣の前途」で、従道が留任しなければ「海軍省務」が治まらず、軍備縮小には「陸軍が激昂《げっこう》」し、宮内省改革についても省内が反発すると指摘しているように、政権は発足当初から火種を抱えていた。

政権末期には増税案などをめぐって松方と進歩党とが対立し、内閣が危機に陥ると、高島鞆之助陸相は従道に政権を譲って国民協会と組ませたいと考え、従道への政権譲渡を提案している。だが松方は乗り気でなく、従道の擁立計画は挫折、一八九八年一月一二日に第三次伊藤内閣が発足する。

初の政党内閣下の海相として

一八九八年六月三〇日、第三次伊藤内閣が行き詰まった結果、日本最初の政党内閣である第一次大隈内閣、いわゆる隈板《わいはん》内閣が誕生する。

隈板内閣では自由党と進歩党が合同した巨大政党・憲政党が与党となった。従道は隈板内閣でも第三次伊藤内閣から引き続き海相に留任する。政党内閣でも、政治と軍事を分離すべく、陸相と海相は政党人ではなく、軍人が務めるのが戦前の慣例であり、これはその第一歩であった。従道は、不安定化する懸念があった初の政党内閣を支えることになる。

だが、隈板内閣は旧両党の対立が深刻で、尾崎行雄文相の共和演説事件で亀裂が悪化、わずか四ヵ月余りの短命政権に終わった。憲政党は分裂し、旧自由党系が新たに「憲政党」を結成、同系の板垣退助内相、松田正久《まつだまさひさ》蔵相、林有造《はやしゆうぞう》逓相《ていしょう》が倒閣を目指して辞表を提出したのが一〇月二九日、内閣はその二日後に総辞職する。従道もここで長い海相生活を終えることになる。そして、一一月八日に第二次山県内閣が成立した。

この間の一〇月三〇日、隈板内閣の混乱を見た枢密院議長の黒田清隆が、従道に書簡を送り、次のように述べている。

板垣が辞表を提出した以上、憲政党に政権を委ねるという「当初内閣組織の大命に背戻《はいれい》」し、「内閣統一を欠」いており内閣総辞職は免れず、このままでは「国家憂慮に不堪次第《たえざる》」である。開会を控える議会を見据えた黒田は、重要法案がなく予算案や増税案にも影響がないため、総辞職して議会が停会、あるいは開院式延期となっても差し支えないとして、「非常の御尽力」をしてもらいたいと依頼している（黎明館所蔵）。

従道はこれを受けて大隈に辞職を勧告し、翌日に大隈は総辞職している。

文相だった尾崎行雄は、この状況下の従道について次のように述べている。

「〔従道の〕大隈首相にたいする振舞いは、最も慇懃《いんぎん》をきわめた」ため、大隈は従道を「自分の子分のように」信頼していた。板垣が辞表を出した際も「西郷海相は必ず自分の味方をするだろうと思っていた」。大隈としては裏切られた格好である。だが、後日、尾崎が桂太郎陸相から聞いたところでは、従道は桂に旧自由党、旧進歩党のどちらにも協力しないよう要請し、「喧嘩《けんか》の仲間に入ってはいけませんよ」と哄笑《こうしょう》していたという。尾崎は従道の「炯眼《けいがん》にこの決心あり」と評価したうえで、従道を信じた大隈を「迂闊《うかつ》」だったと指摘している（『咢堂回顧録』上巻）。

従道が大隈を尊敬していたのは事実だろう。だが、「大命」と「国家」に背くとき、従道は冷徹だった。

再び従道待望論

旧自由党からすれば、従道は板垣退助らの辞表をきっかけに大隈内閣を潰した「味方」と映ったにちがいない。事実、新しい「憲政党」内では、従道を首班とする内閣と提携しようという動きが出てくる。隈板内閣崩壊から第二次山県内閣発足まで、従道をめぐってさまざまな報道が飛び交った。

『日本』（一八九八年一〇月三一日付）は、従道が「平生の公義心」から「憲政党の多数」を基礎に「国務を調理する」決意を固めたと報じた。

さらに『東京朝日新聞』（一八九八年一一月一日付）は、憲政党が「西郷侯を推して内閣総理の地位に置き」、藩閥出身の在野政治家などと連携して、「自由藩閥連合内閣」を組織しようと考えて従道に交渉したものの、辞退したと伝えている。翌二日付の同紙は、憲政党が期待する「西郷内閣」の構成まで伝える。そこでは首相兼海相が従道、内相・板垣、外相・伊東巳代治《いとうみよじ》、蔵相・松方、法相・星亨《ほしとおる》、陸相・桂と予想していた。

結局、従道は首班とはならず、憲政党は星亨の主導で、第二次山県内閣の与党としての役割を果たしていく。ただ、その後もこの従道を首班にしようとする動きは燻《くすぶ》り続けた。『読売新聞』（一八九九年一一月二六日付）は、憲政党内で山県を引退させ、従道を総理として、憲政党がこれと提携、「西郷侯と憲政党の連立内閣」を組織しようとの計画が持ち上がっていると伝えている。

当時内務省参事官だった水野錬太郎によると、従道には「立憲政治家の風」があり、内相時代も自由党との関係は良好だったという（「歴代内相の面影」）。こうした関係や隈板内閣崩壊の経緯があいまって、従道・憲政党連立内閣構想が持ち上がったのだろう。

なお、隈板内閣の後継である第二次山県内閣で従道は、海相から内相に就任する。従道はすでに見た通り、改正条約の実施にとりくんでいった。

第四次伊藤内閣の発足

この間、伊藤博文は超然内閣とは異なる新しい政治を模索し、新党結成に動いていた。旧自由党系の憲政党は一九〇〇年九月に解党、伊藤が総裁となった立憲政友会に合流する。翌月、第二次山県内閣が崩壊すると、一〇月一九日に政友会を基礎とする第四次伊藤内閣が発足した。

一〇月四日に首相官邸で大臣・元老の会議が開かれ、伊藤、井上、松方、従道、山本権兵衛海相、樺山資紀文相、清浦奎吾《きようらけいご》法相、曽禰荒助《そねあらすけ》農商務相、芳川顕正逓相が集まり、山県は政権を伊藤に譲ることを表明した。

この際、伊藤は「政友会は決して内閣組織の為に樹立したものにあらずして国家百年の大計より身を以《もっ》てこれに任じたり」と述べたうえで、外交方針の継承や閣僚の交代、文官任用令の改正といった施政方針を示して、参会者の了解を求めた（『読売新聞』一九〇〇年一〇月五日付）。

伊藤は従道を内相に留任させたかったが、従道は断っている。たびたび首相候補となった存在感のある従道を要職に残し、政権の安定化をはかりたかったのであろう。伊藤は薩長間の連携役である従道の引退を思いとどまらせようとしたが、従道の辞意は固かったという（『日本』一九〇〇年九月三〇日付）。政友会を率いて衆議院の多数派を制している伊藤に、従道は「おいどんの如き老爺《おいぼれ》は最早《もはや》新内閣に職を連ぬるの必要あるまじ」と述べて辞退した（『東京朝日新聞』一九〇〇年九月三〇日付）。

また従道は、中国で勃発している北清事変が日本の国難になるだろうとして、山県や自分は多少の戦争の経験はあるが、外交には疎《うと》いため、今回はお暇を頂戴したと語ったと伝えられている（『東京朝日新聞』一九〇〇年一〇月九日付）。

かつて一八九八年八月、隈板内閣の陸相だった桂太郎が、外相人事について従道に相談している。外相に江原素六《えばらそろく》を推す大隈に対し、桂は次のように述べたという。「小生〔桂〕の卑見《ひけん》」では「外務の事」は他省と異なって「帝国の世界に対する位置」を定める「実に不容易の任務」であり、外相は「外交家中尤《もっと》も手腕を要する」として、大隈に兼任し続けてもらいたい（『桂太郎発書翰集』）。こうした感覚を従道も共有していたのであろう。

晩年の伊藤博文

感覚という意味では、伊藤と従道との間にも、ある種の国家意識が共有されていた。

この頃、伊藤が従道に宛てて陸相・海相の人事について相談した書簡がある。そこで伊藤は次のように述べている。

明治維新以来三〇年を経たが、これまで三条実美や岩倉具視、木戸孝允、大久保利通といった「先輩の遺志」を継いで「国家の安全」をはかり、「至尊《しそん》の震慮《ママ》」を奉安《ほうあん》しようと努めてきたことは承知しているはずだと述べたうえで、「陸海軍の軍務」は人選に失敗すると「危急の情勢」に対応できなくなる。桂を派遣するのでその相談に乗ってほしい（「西郷従道家書翰帖」）。

二人は維新以来の苦労を共有していた。長州と薩摩と出身は異なるが、伊藤より二歳年下の従道は、帝国議会開設以降、政治について伊藤の考えに共感し、支持を続けた。他方、陸海軍については、伊藤は従道に頼るところが大きかったのである。

従道は第四次伊藤内閣で入閣を断り、以後、閣内に入ることはなかった。

第一次桂内閣と日英同盟

一九〇一年五月、財政問題をめぐって閣内対立が起き、伊藤は天皇に辞表を提出。天皇は枢密院議長の西園寺公望を臨時首相代理としたうえで、山県、松方、井上馨、従道に善後処置を下問する。

元老会議は伊藤に留任を求めたものの、伊藤の辞意は固かった。他の元老たちで後継となる者はなく桂を推薦、桂に組閣の大命が下り、翌六月に第一次桂内閣が発足する。

桂内閣の政策課題は、北清事変の勃発を受け、事変後も満洲を占領していたロシアの撤兵問題と、ロシアに対抗する日英同盟の締結、海軍の軍備拡張などだった。だが、指導層では考えが割れていた。山県はロシアと対抗し朝鮮を日本の勢力圏に置くためにも日英同盟を締結すべきと考え、桂もこれを支持していた。しかし、伊藤や井上、政友会は日英同盟より先に、ロシアと交渉して日露協商を結ぶことで、満洲と朝鮮問題を解決できると考えていた。

日英政府間では同盟交渉が進んでいた。一九〇一年一一月二八日には閣議で同盟協約の日本側修正案が決定され、元老にも同意が求められる。従道は日英同盟に賛成した。

一二月二日、従道は「桂首相より親しく細密《さいみつ》に説明」を受けて、日英同盟に「大賛成を表せられたり」（『日本外交文書』明治期・第三五巻）。

一二月七日、外遊中の伊藤を除き、山県、従道、井上、松方、桂、小村寿太郎外相らが出席した元老会議では、日英同盟交渉の推進が決まる。九日には桂がその結果などを天皇に上奏、天皇は元老会議の結果を承認した。これにより、桂内閣の日英同盟推進が確定的となった。日英同盟は翌一九〇二年一月三〇日に調印される。

日英同盟を後ろ盾として、日本は日露戦争を戦うが、従道がそれを見届けることはなかった。ただ、その戦争で満洲軍総司令官に任じられた大山巌が、山本海相に次のように語ったことを書き留めておきたい。

戦さは勝ちます、けれども止《とど》めを刺す時機が大切でごわす、慎吾どん〔故西郷従道侯〕でも生きて居らばだが、〔中略〕幾らか余裕のある所で鞘《さや》を収める、その大切な所をあなた〔山本〕に頼みます、非難攻撃は御身《おんみ》に集まりましょうが、御国《おくに》のためでごわす。

（『小村外交史』）

大山は従道も同じ考えだと信じて伝えたのだろう。日露戦争を終結させるポーツマス条約の締結に対し、戦勝に乗じて賠償金や沿海州の割譲などを求める世論が高まり、日比谷焼打事件が起きて、政府は対応に苦慮することになる。

日英同盟交渉が行われている頃、従道は全国を行脚して社会の改良を目指し、その早い晩年の日々を送っていた。

2　民間の社会改良運動へ——板垣退助との協同

風俗改良運動への従事

従道が晩年に取り組んだのは、民間での社会改良運動である。

第二次山県内閣で内相だった一九〇〇年（明治三三）四月、従道は中央風俗改良会の会長に就任する。一〇月には、内閣崩壊によって内相を降りたことはすでに述べた。以後、副会長の板垣退助とともに、社会改良運動に熱心に取り組んだ。

中央風俗改良会は、一九〇一年七月一〇日に内海《うつみ》忠勝《ただかつ》内相、大浦兼武《おおうらかねたけ》警視総監や地方長官などを本部に招いて晩餐会を開き、従道や板垣が出席、板垣が風俗改良の趣旨を語り、政府側への要望を演説している。

従道と板垣は遊説に乗り出す。一〇月からは西日本方面の各地で演説した。たとえば一〇月二一日には名古屋の御園座で演説会を開き、三〇〇〇名の聴衆を前に、板垣が「風俗の改良すべき要点を挙げて改良の一日も忽《ゆる》がせにすべからざることを縷々《るる》演説」している（『東京朝日新聞』一九〇一年一〇月二三日付）。

演説は主に板垣が担当し、従道は挨拶程度だった。一〇月三日に大津で開かれた談話会では、従道は「自分等は風俗改良会を発起して遊説の為め来津した処が非常の盛会でよろこばしく存升どうか御賛成を願升」と語っただけだった。これに対して板垣は、「面白くおかしく縦横自在に説立《ときた》て、非常の喝采《かっさい》を博」したという（同前、一〇月六日付。傍点原文）。

一〇月一〇日に開かれた大阪での演説会でも、板垣は一時間余りにわたって「風俗改良に関する意見」を語ったが、従道は「黙然として椅子に憑《よ》り居《い》」るだけであった（同前、一〇月一一日付）。『日本』は一〇月一六日、板垣の風俗改良演説に多くの聴衆が集まり、従道も参加したが、「板垣死するも自由は死なじ」と言われた板垣が「杯の献酬《けんしゅう》廃《はい》せよの、時間の約束守れよのと」語ったことに、「今昔の感なきを得ず」と評してい

板垣と西郷の動きを揶揄する風刺画　「風俗改良軍逆襲に逢う」（『時事新報』1901年10月19日付）

る。

『時事新報』（一九〇一年一〇月一九日付）は、従道と板垣が明日、奈良で風俗改良演説を行うと伝えたうえで、二人が老婆《ろうば》や亡霊などに襲われて頭を抱えている「風俗改良軍逆襲に逢う」との風刺画《ふうしが》を掲載した。各地の演説会場では、風俗改良に対する保守的な反発も強かったにちがいない。

藩閥政府内部で権力と実務の運用に従事してきた寡黙な従道と、自由民権運動以来の叩き上げの政治運動家である能弁な板垣とでは対照的だが、従道の権威と板垣の弁舌とがあってはじめて、運動の活性化が可能になったとも言えよう。

従道は黙して多くを語らないため、彼らが

何を目指していたのかについては、板垣の発言に耳を傾けるほかない。

板垣が社会改良運動に目覚めたのは、三重県の伊賀で演説した際に、ある少女と出会ったことにある。板垣は、作法と性格に優れた少女に大阪や京都に行ったことがあるかと聞くと、少女は「なし」と答え、汽車ならすぐだと板垣が言うと、汽車や汽船はお金持ちのもので、「銭のない者」には敵だと語った。板垣はこの話に涙し、社会改良が急務であると実感して、一八九九年一一月八日に政界を引退すると、政治の腐敗や商工業の停滞を実感していたこともあって、社会改良運動に乗り出したという(「余が社会改良家となりし二大動機」)。

板垣と従道が目指したもの

板垣が目指したのは、ストライキの実践や家屋、衣服の改善、贈答品の廃止などの封建的な習慣の改革、西洋風の大衆向け音楽の普及、消費組合の結成による貧民救済、上流社会の節約と慈善・公共事業への投資、養老、育児、施療、選挙権の拡大など多岐にわたる。自由・平等・博愛主義を標榜《ひょうぼう》し、社会主義を批判した。

一九〇一年七月一〇日、地方長官らに演説した際に板垣は、「吾々《われわれ》は容儀、服飾、飲食、居住、饗讌《きょうえん》、慶吊《ママ》、斯《こ》う数えまして是《これ》より改良の案を立てようと致している」と語り、特に「衣食」と「家屋」の改善の必要性を強調した。また、いかによい「政治」を展開しようとしても、「社会」の地盤が固まらなければ砂上の楼閣《ろうかく》であり、各国との競争にも勝ち抜くことはできず、「虚礼虚飾《きょれいきょしょく》」に流れず、「華美」に走らず、「質素」に暮らさなければ、「彼等と競争は出来ない」として、「便利第一」の改革を試みたいと述べ、賛同を求めている（「板垣伯風俗改良談」高知県立図書館所蔵）。

従道は、中央風俗改良会会長として、この演説を聴いている。運動に取り組みはじめた当初、従道は貧困者の救済を所管する内相だったが、貧困者の公的救済は制度・運用ともにまだ十分でなく、非行少年の教化・訓育のための感化法や自然災害の罹災救助基金法などが整備されはじめた段階で、養老・育児・保育・医療といった救済事業の多くは、市や民間などに依存していた。そうした限界から運動に活路を見出し、内相退任後は内務省側の支援を活性化させようとしたのだろう。

これまで軍事や警察、政治、開拓、インフラ、産業、教育といったさまざまな側面から「国家」の構築と安定、いわば「国を満たす」ことに人生を費やしてきた従道は、その晩年にいたって、「国家」を構成する国民、特に社会的弱者の生活に目を向け、「国が満たす」べき改革に乗り出そうとしていた。しかし、その意欲が現実のものとなるまで、時は待ってはくれなかった。この演説の約一年後、従道はこの世から旅立つことになる。

3 隆盛の復権、妻子たちとの日々

西郷隆盛像除幕式

上野の西郷隆盛像の除幕式が行われたのは、従道が第二次山県内閣で内相を務めていた一八九八年（明治三一）一二月一八日のことである。西南戦争による反乱で隆盛は官位を剝奪されたが、一八八九年の憲法発布に際して名誉を回復し、正三位を追贈された。名誉回復のために松方正義らが積極的に運動したが、従道はこれに関わっていない。やはり、実弟の立場から目立った行動をとるのは、はばかられたのであろう。

当日は上野公園入り口に国旗が掲揚され、高村光雲作の銅像の周囲を憲兵・巡査が警備するなか、除幕式典が開催された。建設委員長の樺山資紀がこれまでの経緯を報告後、除幕委員長の川村純義が、隆盛は「慈愛」に富み、「義」に厚く、「本日の盛典」を見たのは、その「盛徳《せいとく》の至す所」だと祝辞を述べた（『東京朝日新聞』一八九八年一二月一九日付)。

山県有朋首相も、隆盛は「文武」の才を兼ね備え、「維新の大業」に貢献して国家の「隆治」を助けたとして、その「勲業《くんぎょう》」を讃える祝辞を寄せた。勝海舟に代わって川村がその和歌を披露、軍楽隊が演奏するなか、博物館で立食パーティーが開かれた。来会者は約八〇〇名で、従道は従兄弟の大山巌などとともに列席している(同前)。

西南戦争当時、山県は陸軍の参軍、川村は海軍の参軍として指揮を執り、樺山は熊本鎮台参謀長として籠城戦で負傷した。彼ら「官軍」の手によって隆盛の名誉が回復され、その「維新の大業」への貢献が讃えられたことは、自らも「維新の大業」を成すべく人生を捧げてきた従道にとって、最大の栄誉であったにちがいない。

勝海舟は、実は会場を訪れていた。『東京朝日新聞』(一八九八年一二月二三日付)に寄せた「氷川閑話《ひかわかんわ》」で、そのときの様子を次のように記している。『行て見ると中々賑わしく西郷の未亡人や黒田さんの奥さんが大層悦ばれて、能《よ》く来て下されたあなたが御出で下さった故西郷も彼の世で喜んで居りましょうと云われた時は己《お》りや涙がこぼれて来たよ、山県さんや、樺山さんが頻《しき》りに老体でよくも来て下さったと御礼を云われ」た。

従道の涙と喜びは、それ以上であったろう。

妻子たちとその後

先述したように、この隆盛が縁談を取り持ったのが、従道の妻・清子である。清子の実家・得能家は薩摩の名門で、父の良介は維新後、大蔵官僚として活躍した。隆盛は才色兼備の清子をぜひ従道の妻に迎えたいと考え、得能家に直談判して縁談がまとまったと言われる。

清子は鹿鳴館外交時代はフランス製の洋服をまとって、化粧や香水、宝石を身につけたが、従道自身も鹿鳴館での晩餐会に参加している。一八八九年二月六日に黒田清隆首相に宛てて従道が、「鹿鳴館に於《おい》て午餐《ごさん》并《ならび》に永田町御官邸に於て夜会」の招待に応じる書簡が残っている（黎明館所蔵）。従道はしばしば鹿鳴館を利用したようで、一八八四年一〇月一六日には同館に地方官を招いたとして、参議兼文部卿の大木喬任に「臨席」するよう招待状を送っていた（「大木喬任関係文書」）。

清子は従道の没後、社交を絶って地味な余生を送った。従道が晩年、社会改良運動に取り組んだことはすでに述べたが、清子も一八八八年九月、皇后の命で東京慈恵会の幹事に就任している。

従道には七男四女があった。長女の桜子は、「父はやさしく母は厳しいの一語」と語っている（『元帥西郷従道伝』）。長男の従理《じゅうり》は幼少期にロシアとアメリカに渡航、ロシアの皇后などに可愛がられたが、チフスに罹患《りかん》し一〇歳で客死《かくし》した。清子は「異国でたった一人で死んだのですから、本当に残念で可愛想なことをしましたよ」と語っている（同前）。

家督と爵位を継いだ次男の従徳は陸軍士官学校を経て軍人となり、日露戦争に参加、大佐で予備役となり、貴族院議員を務めている。上村男爵家の養子となった三男の従義は海軍軍人として、やはり日露戦争で戦った。四男の従志は宮内省主馬寮《しゅめりょう》に勤務、小松伯爵家の養子となって家督を継いでいる。五男の豊彦も陸士を出て陸軍少将になり、六男の従親は海軍機関大佐、七男の豊二は横浜正金銀行を経て実業家となり、古河財閥の経営を担った。

長女の桜子は岩倉公爵家に嫁ぎ、次女の不二子《ふじこ》は古河財閥の古河虎之助の妻となっている。三女の政子は外交官の楢原陳政に嫁いだが、楢原は北清事変の際に死去し、若くして未亡人となった。四女の栄子は衆議院議員・平岡浩太郎の長男・良助と結婚している。

子どもたちへの強い思い

従道の家族を考えるうえで、三女の政子が夫を喪ったときの対応に注目したい。

北清事変で楢原が死去した際、従道は清子との連名で駐清国公使の西徳二郎に宛てて、書簡を送っている（一九〇〇年八月三一日）。北清事変では「扶清滅洋《ふしんめつよう》」を掲げる義和団が北京の外国公使館地区を攻撃して楢原が負傷して死去したため、従道と清子はまず、今回「大事件に相成《あいなり》驚入候《いりそうろう》」として、公使館に籠城した西をはじめとする公使館員の苦労を労《ねぎら》い、楢原が負傷後に西の配慮を受け、手厚く医療や看護、介抱を受けたことに礼を述べている。

さらに二人は、楢原が破傷風で「終焉」を迎えたことを「是非なき次第」と述べ、幼児を抱いた政子も世話を受けたと西に感謝した。二人は、楢原の死は公務によるものでやむをえないと断念するほかないが、政子はまだ人生経験が浅く、「天地」と頼んだ夫と「永訣《えいけつ》」することになったため、精神が錯乱して取り乱すのではないか、との「痛心」を吐露している。孫が銃声のもとで哺乳《ほにゅう》するのでは「生存」もおぼつかないと二人は心配していたが、西から「無事健全」と聞いて安堵したという（「西徳二郎関係文書」)。

この「幼児」、楢原良一郎は、従道が存命中に生まれた唯一の孫であり、その名付け親は、従道自身であった。楢原陳政は、わが子が「良一郎」と命名されたことを受けて、一九〇〇年二月二七日に従道と清子に書簡を送っている。命名は「宿昔の希望」で「欣喜《きんき》」に堪えないと喜び、「其名《そのな》に愧《は》ぢざる人物」に育て上げると述べ、母子ともに健康だが、しばらくは政子に無理をさせないと伝えている(「西郷従道家書翰帖」)。それだけに、楢原の死と政子、良一郎が置かれた苛酷な状況に、従道は心配せずにはいられなかった。

この他、発信年は不明だが、長女・桜子が「学校へ出初」めたときに、従道が清子に宛てた書簡が残っている。そこで従道は、これから山形に巡視に出かけるため、帰京の際は好きな「土産」を持ち帰ると記す。そのうえで次女・不二子が怪我《けが》をしたと聞いて心配し、「小児」の事故のため「保養」が「専要」だと伝えて、書きたいことは「山々」あるが、多忙で時間がないため、また書簡を送るとしている(同前)。

これも年は不明ながら、北海道視察中に清子と次男・従徳、三男・従義に宛てた書簡で従道は、「コレラ病」が流行しているため、「厳重に御予防」するよう諭し、子どもたちは感染しやすいと注意を加えた（同前）。

従道の書簡には、子どもや孫への率直な心情が示されていると言ってよい。従道は兄に似て情の人だった。

スキャンダルと大久保利通

他方、従道はスキャンダルと無縁だったわけではない。

『萬朝報《よろずちょうほう》』（一八九八年九月二日付）は「蓄妾《ちくしょう》の実例」と題する連載記事で従道を取り上げている。そこでは、新橋の桃太郎として知られる芸妓《げいぎ》「岡田吉右衛門長女なか」（四一歳）を妾《めかけ》とし、その間に五子をもうけたと報じられている。

真偽のほどは定かでないが、『萬朝報』による記事の二〇年ほど前、木戸孝允が一八七六年四月二五日に田中不二麿《たなかふじまろ》に宛てた書簡で、従道と桃太郎の関係について述べている。

木戸は「モ、太郎」から託された書類に言及し、「モ、太郎」は「西郷の知己《ちき》」で「新橋の芸妓」。従道にとって「世間にはたれもしらぬ」存在として「さつまこゝろ」に秘めているのではないかと木戸が察し「山をかけ」たところ、従道は「白状」したという（『木戸孝允文書』第七）。

この頃から付き合いがあったとすると、桃太郎が一九歳当時には馴《な》れ初めていたことになる。「一夫多妻の変風」を改めたいという『萬朝報』にとっては、格好のターゲットだった。

家族に関連すると、大久保利通の存在にも触れないわけにはいかない。

清子によると、西南戦争当時、従道は大久保の世話になっており、陸軍省からの帰途、ほとんど毎日、大久保邸に立ち寄って夕食をとっていたという。大久保から「御料理」や「衣裳」などをもらうこともあり、何でも相談に乗ってもらうなど、「兄弟でもあんなには出来ませぬことと思います」と清子は語っている（「侯爵西郷従道後室清子城山陥落追懐談」）。

大久保は、従道と隆盛との間も取り持っている。一八七三年六月に大久保と隆盛が吉井友実《よしいともざね》の屋敷から帰る際、従道が馬で横切ったことを隆盛が「生意気であると非常に怒られ」、大久保が従道を呼び出して隆盛に詫《わ》びに行かせている（「西郷従道侯未亡人清子氏談」）。

大久保が従道に宛てた書簡では、隆盛に「赤心《せきしん》」をもって「謝罪」し、とにかく「兄に順従」する姿勢を示し、「友悌《ゆうてい》」を尽くすよう諭している。そのうえで今回は「御気の毒」だったと気遣った（一八七三年六月八日付。『大久保利通文書』第四）。兄弟の別離に大久保が深い同情を寄せたのも理解できよう。

大久保は西南戦争の翌一八七八年に暗殺されるが、従道は大久保亡き後の大久保家の後見役的な役割を果たした。晩年の松方正義に宛てた書簡で、田中光顕・宮内大臣から、自分が「大久保家の事」について「精々《せいぜい》斡旋」してきたものの、「前途不安」に堪えないため、「将来は松方伯」に「監督保証」してもらうのが確実だと言われたとして、この旨、松方に念を押している（一九〇一年六月一四日。『松方正義関係文書』第八巻）。

従道は自らの人生の終わりが近いことを悟り、大久保家の世話を同郷の松方に託したわけである。

趣味と開拓

従道は相撲を趣味としていた。自らも相撲を取って黒田清隆を転がしたり、外国からの来客に相撲を観せたり、贔屓《ひいき》にしていた力士・太刀山《たちやま》の世話を焼いたりしている。

酒はかなり飲んだらしい。農商務卿時代の一八八三年五月二三日に品川弥二郎に宛てた書簡で従道は、昨夜は図らずも「大酔失敬」したとして、今朝になり「後悔千万」だと記している（『品川弥二郎関係文書』四）。品川は信頼する部下だったから、気を許したのであろう。

このほか、狩猟も趣味だった。やはり農商務卿として那須野が原に滞在した際に品川に宛てた書簡で、「日々遊猟《ゆうりょう》」をして過ごしていると伝えている（同前）。那須野が原では、大山巌とともに子連れでも狩猟を楽しんだ。

那須野が原の開拓については、第2章で若干触れたが、大久保利通参議兼内務卿の命を受けた南一郎平《みなみいちろべい》と高畠千畝《たかばたけちうね》が一八七五年から現地調査に取り組んだのがはじまりである。一八七六年には、地租改正の実施を受けた栃木県令の鍋島幹《なべしまみき》が制度の趣旨を現地の住民に説明して回り、那須野が原開拓の中心人物だった印南丈作《いんなみじょうさく》と矢板武《やいたたけし》が殖産、水利の開発の必要性を鍋島に力説、二人は一八八〇年には開拓のために三〇〇〇町歩を政府から貸し下げられて、開拓に乗り出した。

農商務卿だった従道が、大山と組んで那須野が原の開拓に取り組み始めたのは一八八一年である。政府から五〇〇町歩の払い下げを受けて加治屋開墾場を設立、疎水の開鑿にも取り組み、一九〇一年に西郷家と大山家の区分を定めて、それぞれ加治屋区西郷農場、永田区大山農場と呼ばれるようになった。

従道は最晩年に、この加治屋にあった別荘に一時静養している。従道の没後、西郷神社が設立され、農場経営は従徳に引き継がれたが、一九三七年までにすべて手放した。

従道が過ごした数々の邸宅

一八六九年に明治政府は政府高官のために大名屋敷を払い下げた。従道は永田町の一八〇〇坪を伊地知正治と半分に分け、その敷地内に山王《さんのう》神社の旧御旅所《おたびしょ》の建物を移築して住んだ。一八七〇年、従道は上京する隆盛のために、渋谷の宮益坂《みやますざか》一帯の一万七〇〇〇坪の山林茶園を購入し家を建てている。大久保利通や五代友厚なども訪れ、散歩や狩猟を楽しんだという。

一八七三年六月二九日に隆盛が椎原与右衛門に宛てた書簡で、天皇から派遣された侍医・岩佐純とドイツ人医師テオドール・E・ホフマンから治療を受け、「肩並びに胸抔《むねなど》の痛みも少なく」なってきたとして、いまは「青山の極《ごく》田舎に信吾の屋敷」を借りて養生しており、「兎《うさぎ》狩り」や「散歩」を楽しみ、医師からは「剣術」や「角力《すもう》」など、力仕事をするよう指示されていると記している（『西郷隆盛全集』第三巻）。

一八七六年には、従道は台湾征討の下賜金で目黒の邸宅を購入した。元々は豊後岡《ぶんごおか》藩の抱屋敷《かかえやしき》があったところだが、風雅な邸宅を手放すほかない売主に配慮して高値で買ったため、周辺の農地も売りに出されて買い取ることになり、総面積は一四万坪に及んだ。この目黒・渋谷一帯が、「西郷山」と呼ばれるようになる。永田町の本邸に従道と家族が住み、目黒邸は別荘として位置付けられ、青山の家は手放したが、従道はやはり、隆盛と目黒に同居したいと考えていたらしい。

一八七六年にアメリカ独立一〇〇周年を記念して開催されたフィラデルフィア万国博覧会に事務副総裁として派遣された従道は、欧米の要人と折衝し、そこで彼らを接遇する空間の必要性を感じるようになった。フランス人建築家ジュール・レスカスに設計を依頼し、一八八〇年に目黒に木造二階建ての洋館を建て、和館も設けている。

独立記念日の翌日である七月五日、従道は大久保利通に書簡を送っている。大久保は日本にいたが、フィラデルフィア万国博覧会事務総裁でもあった。「博覧会の儀」はアメリカでも評判がよく、政府・人民間の「懇親」が深まると期待している（黎明館所蔵）。従道自身、この派遣を通じ、「懇親」に「勉励」していくこととなる。

従道はまた、七月一九日に木戸にも書簡を送り、次のように述べている。「百年祭博覧会は誠に盛大」に開かれていると伝えたうえで、各国の陳列品はいずれも素晴らしいが、特に日本のそれは「評判甚宜敷《はなはだよろしき》」とし、これは事務官一同が努力した成果だと讃えた。また、日本の国内情勢が落ち着いていて天皇の巡幸が実施されていると聞き、「恐賀」のいたりだと伝えている（『木戸孝允関係文書』第四巻）。

従道の目黒の庭園には、三つの池に滝、噴水や灯籠《とうろう》、石橋があり、広大な芝生と樹林も備えて、四季の景色を楽しませたという。一八八九年には天皇が行幸して前庭で相撲の天覧が催され、皇后も行啓して、当時西郷家が取り組んでいた養蚕《ようさん》の生育・飼育を視察した。この目黒の邸宅は、一九六四年に明治村（愛知県犬山市）に移築され国の重要文化財となっている。

一九〇三年、目黒の邸宅の二階で従徳の長男として生まれた従吾は、この家について次のように記している。

「「西郷従道邸」は目黒川に近い低地にあり、直《す》ぐ裏は水田であった。広大な庭園を有し渋谷の方向は台地で森林におおわれていたので邸からみると山のように見え、朝夕二階の窓からみた景色は素晴らしいものであった。夏の夕方、沢山《たくさん》鳴く日暮しの声は忘れられない記憶である」。従吾は応接間で会ったことのある「高位高官」として、山本権兵衛や東郷平八郎、松方正義といった名を挙げている（「「西郷従道邸」のわが思い出」）。

なお、永田町の本邸は議院敷地となったため、三年町の旧有栖川宮邸に転居したが、有栖川宮家が買い上げたため、一九〇一年に目黒の別荘を本邸とした。従道は国民協会での遊説費用を賄ったことで借金を背負い、三年町の邸宅の売却はその返済のためだったとも言われている。このほか、静岡県の静浦《しずうら》に別荘があり、従徳が岩崎男爵家に売却したが、その後買い戻し、大正天皇の行幸を受けている。

終章　「道」に従って

1　病と死のなかの喜び——甥の授爵

病の療養

従道は一九〇一年（明治三四）秋頃から、身体の調子を崩して引きこもりがちになった。

一九〇二年春に英国国王エドワード7世の戴冠式に参列する小松宮彰仁親王に随行して渡英。帰国後に再度欧州を歴訪しようとして横浜を出帆したが、病が進行していたために中止し帰国して、六月九日に次男・従徳に結婚式を挙げさせた。

前章で触れたように、長男の従理は一八八四年に夭折《ようせつ》していたため、従徳は従道の嗣子であり、侯爵を継承することになる。結婚相手は岩倉家当主の具定《ともさだ》（岩倉具視の次男）の次女・豊子で、媒酌人は大山巌夫妻が務めた。

この前々月の四月に、従道は静浦の別荘で胃の診察を受け、当初はがんとは判明しなかったものの、その後、ドイツ人医師エルヴィン・V・ベルツなどから胃がんとの診断を受けた。すでに高齢で、病状が悪化していたため手術はできず、従道の意向で那須野が原で静養することとなったが、まもなく目黒の邸宅に移っている。

五月二日付『東京朝日新聞』は、「西郷侯重篤《じゅうとく》」との知らせを受けて従道邸を訪問する客が絶えないと報じている。従道は「胃病にて多少衰弱の気味」だったが、「訪客には一々面会」し、「遠路来訪」してくれたことに感謝を伝えているという。この五月二日には、天皇・皇后から見舞いとして菓子折が届き、二〇日にも酒樽や葡萄酒などが下賜された。

従道の孫・西郷従宏によると、田中光顕宮相の見舞いを受けた際、従道は次のように語ったという。

「不省の身をもって何等の功績も無く、猥《みだ》りに大臣、大将を辱《はずかし》うし、恐懼《きょうく》に堪えざる処《ところ》、今や不帰の旅に上りますからにはこのまま栄位、栄爵を帯びて行くことは、泉下《せんか》の兄並《ならび》に先輩に対し何の顔《かんばせ》あって見《まみ》え得ましょう。希《こいねがわ》くは謹んで一切の位爵を拝辞致したく貴卿《ききょう》よりしかるべく奉還《ほうかん》の微衷《びちゅうよろ》宜しく御高配の程を」。位階・爵位の返上を申し出たわけである（『元帥西郷従道伝』）。

隆盛はすでに一八八九年二月、憲法発布の大典に合わせて大赦を受け、正三位の官位を回復、「大政復古の大功臣」として名誉を回復していたが、従道はそれを上回る正二位に叙せられていた。

離別し戦った兄だが、離別は兄と同意のうえでのことで、反乱も兄の本意ではなかったと従道は認識している。自らを引き立て、何より「国家」の形成と「維新の大業」の責務を継受させてくれたのは、その兄にほかならず、誇るべき業績もないまま、栄位・栄爵を帯びて逝くわけにはいかないと考えたのも自然だろう。

寅太郎の授爵、従道の死

従道の意を受けた田中は大山巌と相談し、従道の位階や爵位の返上ではなく、隆盛の嫡男・寅太郎を侯爵とすることで対応した。一九〇二年六月三日のことである。従道はこれを喜び、死去の一週間前に長女・桜子に筆を執らせて、「筆の終わり」と題する和歌を詠んだ。

若きより　死地の山旅数知らず　寿ぶき祝え　けふの別れを

その五日後、「辞世」を詠んだ。

世の中に　思うことなし夕立の　光り輝く　露と消えなん

これまでの困難に満ちた人生という山旅も、もうすぐ終わろうとしている。寅太郎への授爵によって、目標であり、同時に負債でもあった兄という存在を肩から下ろせた従道に、もう思い残すことはなかった。

七月一八日、従道危篤の報を受け、従一位に陞叙《しょうじょ》されたが、従道はこの日午前六時、目黒の本邸で死去した。五九歳だった。天皇から侍従・北条氏恭《ほうじょううじゆき》が遣わされて弔問《ちょうもん》した。二二日には海軍省が青山霊園で葬儀を執行することとなり、当日は全国の軍艦に半旗が掲げられて、陸軍からは儀仗兵などが出された。

葬送の行列は、警視騎馬と近衛騎兵が先導し、海軍軍楽隊、陸海軍儀仗兵、海軍砲兵が続き、野津道貫《のづみちつら》・陸軍大将、黒木為楨《くろきためもと》・陸軍中将、有地品之允《ありちしなのじょう》・海軍中将、相浦紀《あいのうらのり》道《みち》・海軍中将などが陪柩者《ばいきゅうしゃ》を務めて、近衛歩兵と陸海軍の儀仗隊が最後列に就いた。午後一時に目黒の本邸を出発した葬列は、青山霊園に到着して神式の葬祭が行われ、従道は夕刻に同霊園に埋葬された。

葬儀当日、七月二二日午前一〇時、勅使として目黒本邸に派遣された北条が恩誄《おんるい》を宣《の》べ、「尊王の大義」を唱えて「復古の宏漠《こうばく》」を助け、文武の要職を歴任して「内外の機務」に参画し、「雅量重望《がりょうじゅうぼう》」が久しい「国家の柱石」であり、その死去は「痛悼《つうとう》」に堪えないとする天皇のメッセージを伝えている（『元帥西郷従道伝』）。

「国家」と天皇のために生きた従道にとって、これ以上ない葬送だった。

2　評価と遺産——兄を背負い続けた人生

メディアは従道をどう評したか

従道死去に寄せた各紙の記事を見てみよう。

『東京朝日新聞』（一九〇二年七月一九日付）は社説「西郷侯薨《こう》ず」で次のように述べている。従道が徹頭徹尾「知悉《ちしつ》」していたのは、「政機の枢軸」にいなければ始まらないという信念であり、「最悪の形勢」に対処すべく「智」を提供したとする。「当局唯一責任者」には及ばずして終わったのが「自身のためにも国家のためにも幸福」だった。首相でなく一閣僚にとどまったことは、本人の希望でもあり、また、各政策の推進による国家形成にも有益だった、ということだろう。

『東京日日新聞』（一九〇二年七月一九日付）は社説に「西郷侯を輓《ばん》す」を掲げて次のように記す。従道の特筆すべき点は、「友僚」の間ではつねに「其《そ》の長」を推して、「其《そ》の能」を発揮するのを助けたこととする。そのうえで従道が元老間の「油楔《ゆせつ》」として機能し、元老が「国家の重望」を担って「政権を左右」する限り、「帝国の政局」に欠かせない人物だったとした。

『日本』（一九〇二年七月一九日付）は「西郷侯薨去」と題する追悼記事を掲げた。ここでは、従道は薩長間で「中立」を保って「談笑優遊」し、「紛擾《ふんじょう》」を制したことが幾度かわからないとする。隆盛の「余光」で出世したと思われ、自らも「知識」が乏しい「無学の一武弁」だと公言していた従道は、西洋文明の知見を振りまいて「新時代の人」となろうとはせず、「恬淡《てんたん》謙虚」な姿勢で仕事は信頼する部下に任せたとして、「藩閥の調護者」、「社稷の臣」だったと評した（傍点原文）。

『報知新聞』（一九〇二年七月一九日付）は社説「西郷侯を悼む」で次のように述べる。「多智」な伊藤博文、「謹厳」な山県有朋、「重厚」な大山巌に対し、従道は「宏量大《こうりょうたい》度《ど》」であった。そのうえで人を用いることに長《た》け、どの省でも適応して部下を統御して

「衆心」を収め、誰一人として敵に回さなかった点を特筆し、「雄大なる侯」を失って「社会の寂寥《せきりょう》」が増したと慨嘆した。

部下たちの目に映った従道

従道の身近にいた人たちは、従道の死からどのように彼を思い返しただろうか。

陸軍軍人として従道に仕えた曽我祐準は、のちに次のように記している。従道は「地位権勢」に恋々たる人物ではなく、「国家の大局」から考えて、「薩長のあつれき」を防ぐ「調停役」を自認していた。そのうえで「天下の大機」にあたっては、「自ら創意者」とならずに「有力な助勢者」となったと評している（曽我祐準「西郷従道侯」）。

従道を支えた海軍軍人・伊東義五郎は、「陸海軍の調和」をはかり、海軍部内の「新旧思想の懸隔《けんかく》を調和」させて、これを統御した点に、従道の「国家の柱石」としての役割を見てとった（伊東義五郎「西郷従道侯」）。

内務官僚として従道のもとで働いた水野錬太郎も、従道に手腕や学問、見識があったわけではないが、「政界の大局を観、国家の大事」という点から処理するうえで「偉さ」があり、どの方面からも評判がよく、山県、伊藤、大隈重信、板垣退助とも関係良好で、「自然に妥協性、調和性」を発揮していたとする。

内相時代も事務は次官任せで、自分に印鑑を預けて「万事宜《よろ》しくやって呉《く》れ」と言っていたが、地方出張の折にはよく酒を飲んで来会者と交流し、「諧謔《かいぎゃく》的」で「ウイット」に富んだ悪口を言って、周囲を笑わせていたという。普段から部下を叱ったことがなく、従道と会うといつも「和気靄々《わきあいあい》、春風駘蕩《しゅんぷうたいとう》」の気持ちになって笑顔になるため、誰も喧嘩も議論もできなかったとする（「歴代内相の面影」）。

識者たちの評価

総理になる資格があり、実際にその機会が何度もありながらも、総理にはならなかった元老を、どう評価すべきか。その際、こうした「調停役」や「助勢者」としての従道に着目する見解が同時代では多かった。

当時を代表するジャーナリストだった徳富蘇峰《とくとみそほう》は、従道の死去を受けた追悼文で次のように記した。

従道を特徴付けていたのは、広く平等に人々を救う「兼済」的な「志望」と「調停的精神」である。これらが「国家の大局に利益あり」と認めた場合に発揮されたとして、従道は「大局主宰の人」ではなく、「大局主宰の人を支持するの人」であり、伊藤も山県もその点で、従道に負うところが大きかったとする。海軍省、農商務省、内務省ではそれぞれ、山本権兵衛や品川弥二郎、白根専一という部下を重用し、彼らにもよき「幇《ほう》助者《じょしゃ》」であったとして、蘇峰はその死を惜しんだ（徳富蘇峰「西郷従道侯」）。

大久保の次男であり、官僚として従道の人生を見届けた牧野伸顕は、伊藤博文との関係や部下の重用について次のように述べている。

従道は大きなことは自分の責任として、大抵は「部下堪能の人」に任せ、「政治は伊藤〔博文〕だ」と周囲に言い聞かせて、伊藤の意志が挫《くじ》けないよう終始尽力し、伊藤もそれに感謝していたと証言する。薩長の軋轢がまだ激しい時代に、それを緩和していたのは従道と大山だとした（「大西郷と従道侯」）。

『東京日日新聞』の主筆として活躍していた朝比奈知泉《あさひなちせん》は、従道について次のように記す。

「国家の為」という「赤心《せきしん》」は隆盛に劣ることなく、自ら薩長と元老間の「調和機関」となって、彼らが攻撃し合うことがないよう尽力したのも、「できるだけ協力」して、「真の国運発展」を実現するためだった。従道はつねに自分の感情を犠牲にし、「貴《とうと》い理性の指揮」に従っていたとして、従道がいなければ、明治の政界はより「露骨」で「殺風景」となり、薩長間の対立が激化していただろうとする（朝比奈知泉「西郷従道侯」）。

国家的大局観を持ちながら、あえて首相にはならずに、首相を支え、実務を有能な部下に任せて、その責任を負い、自分を殺して調整に努めた人物として従道は評された。それは天上の従道にとって、満足すべき賛辞であったにちがいない。

『太陽』のなかの従道評

当時、時代を代表した総合雑誌『太陽』は、存命中から従道について批評を載せている。そこからは一貫した従道像が見えてくる。

一八九七年三月、「月旦子《げったんし》」による人物評「海軍大臣侯爵西郷従道氏」は政治家としての従道について次のように記している。

いかなる内閣でも従道が必要とされたのは「調和的の作用に富む一人」だったためであり、「薩長調和の楔子」であったのも事実だと評し、大久保利通も伊藤博文も松方正義も、その意味で従道に依存しており、従道は自ら内閣を率いるのではない「調和的政治家」であり「周旋的政治家」であるとした。その能力を「円転滑脱の妙」と表現している（傍点原文）。

　では、従道はいかにしてその「調和」機能を発揮していたのか。人物評論家として知られた鳥谷部春汀《とやべしゅんてい》（銑《せん》太郎《たろう》）は、「侯爵西郷従道君」（一八九九年六月）で、誰もその理由は説明できないと述べている。

　従道は閣議で何か意見を提出するわけでも、積極的に争論を仲裁するわけでもなく、「まー其れ位の処で決定しては如何」と発言するのを慣例とし、それでなぜ「調和の大機関」として機能するのかは「実に不思議と言うの外《ほか》」ないという。

　ただ、従道が「無為にして世を茶化す」点に注目し、演説の代わりに都々逸《どどいつ》を歌い、かっぽれを踊り、冗談を言い、悪戯《いたずら》をして周囲を笑わせたエピソードを紹介し、従道は「日本の東方朔《とうぼうさく》なる歟《や》」と結論した（傍点原文）。東方朔は中国・前漢の文人で、機知と諧謔、ユーモアを好み、武帝に愛された脇役である。

　従道の訃報を受けると、「逝《い》ける西郷従道侯」（一九〇二年八月）と題する無記名の記事が掲載された。そこでは、従道を「元老の調和機関」と表現し、各内閣で従道が必要

晩年の西郷従道

とされたのは、藩閥元老間を「調和」させるためであり、従道自身の目的も、伊藤や山県ら政治家の能力を発揮させるところにあったと指摘する。従道が時に他人を「嘲《ちょう》弄《ろう》」することがあっても、それは「挑発」ではなく、むしろ相手の「争気」や「怒張」を「頓挫」「鎮静」する「魔力」があったとした。

『太陽』のなかでの従道もまた薩長、元老間の調和機関だった。

従道が守り、目指し、背負ったもの

従道はただ冗談を言って周囲を和ませ、殺伐とした政治的対立を調和させていたわけではあるまい。従道には、守るべきものも、目指すべきものもあった。

それは、敬愛する兄が切り拓《ひら》いた「維新の大業」を成し遂げ、安定した「国家」を形成するというものである。

内相時代のあるとき、水野錬太郎が従道に隆盛の業績について話すと、従道は次のように答えたという。

「兄は国家の為めに随分尽《つく》した」が、その後方向を誤ったため「陛下に対し申訳ない」と思っている。西南戦争の際に自分は官職を去ろうと考えたが、「国家」のために忠誠を尽くして「兄の分まで御奉公せよ」と大久保に止められたため、以後はどんな所、どんな地位でも引き受け、「君国に奉ずることにした」(「歴代内相の面影」)。

「維新」と「国家」のために、従道はまず軍事、警察と政治、そしてインフラ、産業、開拓、教育といった構成要素に着眼し、それぞれの整備に努め、最後は、国家のもとで暮らし、働き、あえぐ弱者へと視線を注いだ。

理想的な軍隊や警察、あるべき政治、整備すべきインフラ、育成すべき産業、開拓すべき土地、教育のカリキュラム、救済の手段、といった具体像は、いずれも明確ではない。否、明確に語ろうとはしなかった。その「あいまいさ」こそが、従道が多様な意見を調整し、調停し得る政治的資源になった。冗談や悪戯は、それらを促進する手段に過ぎない。

従道は農商務卿時代や海相時代、国民協会時代、風俗改良運動時代と、現地視察や地方遊説に熱心に取り組み、その際には酒を酌み交わしながら現地の人々の意見を聞いた。これも、高位高官に恐縮する部下や住民の緊張を和らげるための手段だったのだろう。

従道が明確なビジョンを示さず、周囲を笑わせながら調整し、常に安定と安寧を追求した原点にあったもの。そこには、従道が目指し、背負い続けた兄・隆盛の存在があった。

特に従道がよく知る幕末までの隆盛は、はっきりと維新革命の道を示し、それを実現した大変革者であり、強い政治的リーダーであった。隆盛が政府を去り、私学校党に擁されたのも、その主張とカリスマ性のゆえであったことを、従道は誰よりも理解していた。

従道が「従」った「道」は、その意味で、反面教師である兄が敷いたものである。しかしそこを歩き、たしかな足跡を残したのは、従道その人であった。

我々はこの不幸な、しかし、たしかな情で結ばれた兄弟が築いた「道」の先に立っている。

あとがき

西郷従道の伝記を書く、というのは、二〇〇七年に『西南戦争―西郷隆盛と日本最後の内戦』(中公新書)を出して以来の宿題であった。

同書では、西南戦争の際の従道の心情について、若干の考察を試みているが、反乱軍の首魁である陸軍大将と征討軍の一翼を担う陸軍卿代理という、隆盛・従道兄弟の複雑な関係を描き切ることはできなかった。

隆盛の存在を踏まえて、従道の一生を辿り、明治国家建設過程にそれを位置付けること。それは、自分にとっての宿題であると同時に、元老の一人でありながら、従道をほとんど学術研究の対象としてこなかった日本近代史にとっての宿題であると認識してきた。

宿題をやらない、あるいは、解けないのには、怠慢だけではない、何らかの理由がある。従道の場合決定的な理由は、まとまった史料が現存していないことにある。元勲・元老クラスになると、没後に資料が収集されて大部の伝記が編纂されることが多い。西郷隆盛にも大久保利通にも木戸孝允にも、伊藤博文にも山県有朋にも井上馨にも大山巌にも松方正義にも、それがある。しかし、従道には存在せず、太平洋戦争での空襲によって自宅の蔵が二つとも焼けてしまい、子孫のもとにも史料は伝わっていない。

だが幸い、従道に宛てて政治家や軍人などが出した書簡については、妻の清子が収集・保存し、一九一二年に清書したものが、「西郷従道家書翰帖」として「島津家文書」（東京大学史料編纂所所蔵）に収録されている。従道が書いて出した書簡についても、国立国会図書館憲政資料室に所蔵・寄託されている多くの政治家・軍人の関係文書に散在していることがわかった。

鹿児島県歴史・美術センター黎明館や宮内庁書陵部などにも、従道の書簡や書類が残されている。新聞・雑誌で従道が取り上げられることも多く、東京大学大学院法学政治学研究科附属近代日本法政史料センター明治新聞雑誌文庫や国立国会図書館で新聞・雑誌を閲覧すると、やはり貴重な記事に多く出会うことができた。

それらを読んでいくなかで、「大西郷」の前に「小西郷」として霞んでいた従道が抱いていた、「国家」や「維新」に対する理解と信念、そのための行動と態度が、垣間見えはじめた。

隆盛が行くことのできなかった西欧を体験し、隆盛が見ることのできなかった西南戦争以降の日本を見、政治、軍事、産業、開拓、教育など、さまざまなチャンネルから、近代国家の建設に努め、並み居る元勲・元老の間に立って、静かに安定した秩序を構築していった政治家・軍人としての従道。その従道を支えていたある種の国家観・維新観は、隆盛との別離や対決とも無縁ではないのではないか。

そんな思いを抱きながら書きはじめたのが本書である。いま、擱筆《かくひつ》するにあたり、従道が最後に兄という偉大な、そして重すぎる荷物を肩から下ろし、元老の高等政治の空間から、貧窮する民衆のもとへと歩みを進めていったことを確認でき、やや安堵している。

従道に関する資料は広範囲に分散して残存しているため、東京および鹿児島での資料調査と解読、分析は、筆者一人の手に負えるものではなかった。お世話になった方は数え切れないが、特に、原科颯氏（慶應義塾大学大学院法学研究科博士課程）、高野宏峰氏（中央大学大学院文学研究科博士後期課程）、藤崎公晴氏（前鹿児島県歴史・美術センター黎明館学芸課）には、大変なご尽力・ご協力をいただいた。従道の玄孫であり、現在の西郷家当主である西郷従洋氏は、資料の残存状況や貴重な逸話をご教示くださった。ここに篤く御礼申し上げたい。研究助成も、数多く頂戴した。本書は、慶應義塾学事振興資金、慶應義塾大学特別研究期間適用による特別研究費、一般財団法人櫻田會政治研究助成による研究成果である。

筆者は二〇二三年四月から一年間、勤務先の慶應義塾大学からサバティカルをいただき、東京大学大学院法学政治学研究科で客員研究員を務めさせていただいた。本書の多くは自宅の書斎、慶大三田キャンパスの研究室、および東大本郷キャンパスの共同研究室で執筆したものである。貴重な研究の機会を提供してくださった、慶應義塾大学法学部の堤林剣学部長、東京大学大学院法学政治学研究科の苅部直教授をはじめとする関係各位に深甚なる謝意を表したい。

中公新書としては『西南戦争』、『小泉信三―天皇の師として、自由主義者として』（二〇一八年）に続けて、三冊目の刊行となった。この間、一貫して筆者を導き、励まし、刊行へとこぎつけてくださったのは、編集部の白戸直人氏である。同氏が手がけてこられた数々の日本近現代史の名著には到底及ぶべくもないが、貴重な執筆の機会を与えていただいたことに、感謝申し上げたい。

三冊の中公新書の構想を練り、書く間に、筆者も夫となり、父となった。隆盛や従道は情の人であり、その情は誰より、家族に対して注がれた。それゆえに両者の別離と対決は、痛ましく切ない。そんな家族の情を教えてくれたのは、妻であり、子どもたちだった。未熟な筆者を夫とし、父としてくれた家族にも、感謝の言葉を添えさせていただく。

二〇二四年四月二一日
桜の散った三田にて

小川原正道

参考文献

国立国会図書館憲政資料室所蔵資料

「伊藤博文関係文書」「井上馨関係文書」「大木喬任関係文書」「樺山資紀関係文書」「川上操六関係文書」「憲政史編纂会収集文書」「憲政資料室収集文書」「斎藤実関係文書」「品川弥二郎関係文書」「得能良介関係文書」「西周関係文書」「西徳二郎関係文書」「牧野伸顕関係文書」「三島通庸関係文書」「宮島誠一郎関係文書」「山本権兵衛関係文書」

国立国会図書館憲政資料室寄託資料

「上野景範関係文書」「大山巌関係文書」「松方正義関係文書」

鹿児島県歴史・美術センター黎明館所蔵資料

「大山巌書簡」「海軍組織計画意見」「黒田清隆関係文書」「黒田清隆書簡」「黒田清隆書翰」「黒田清隆書状」「西郷従道建議書」「西郷従道書簡」「西郷従道書翰」「西郷従道書状」「西郷従道電報」「北海道諸事業維持方法建議」「三条太政大臣より島津左府公へ（台湾事件電報二通）」「明治七午台湾事件及支那談判関係文書」

東京大学史料編纂所所蔵資料

「維新史料綱要」「大久保家所蔵書翰」（「島津家文書」）「西郷従道家書翰帖」（「島津家文書」）

宮内庁宮内公文書館所蔵資料

「西郷従道侯の海軍に於ける行実」「西郷従道書翰」（「伊藤公爵家文書」）「書翰帖西郷従道宛書翰集」

宮内庁書陵部所蔵資料

「西郷従道書状」（「有栖川宮伝来書翰類」）「西郷従道自筆書状」（「木戸家文書」）「西郷従道書状」（「徳大寺家文書」）

立教大学図書館所蔵資料

「谷干城関係文書」

大阪商業会議所所蔵資料
「五代友厚関係文書」

高知県立図書館所蔵資料
「板垣伯風俗改良談」

個人所蔵資料
「西郷従道関係文書」

アジア歴史資料センター所蔵資料
「台湾所分ニ付西郷都督へ親勅并李仙得へ委任状」JACAR（アジア歴史資料センター）Ref. A01000071100、太政類典・雑部（草稿）・明治七年〜明治九年・第一巻・台湾部一（国立公文書館）
「都督帰朝ニ付府下人民祝賀セシ事ヲ候ス」JACAR: A01000073800、太政類典・雑部（草稿）・明治七年〜明治九年・第一巻・台湾部一（国立公文書館）
「宮内省へ西郷都督蕃人告論文回付ノ儀」JACAR: A03030370900、単行書・処蕃始末・甲戌十二月之四・第八十六冊（国立公文書館）
「西郷陸軍中将延遼館宴席祝辞」JACAR: A03030964500、単行書・処蕃類纂（国立公文書館）
「西郷都督本月十八日付書状該地滞在兵士病患増加西少佐帰朝云々接到ニ付復東」JACAR: A03030311400、単行書・処蕃始末・甲戌十月之十五・第六十八冊（国立公文書館）
「蕃地ニ於テ戦死ノ者招魂社へ合祀伺」JACAR: A01100091100、公文録・明治八年・第二巻・明治八年二月・課局（外史・庶務・歴史・記録・用度・博覧会・旧蕃地）（国立公文書館）
「布五十五号台湾蕃地ニテ戦死ノ者東京招魂社へ合祀ノ条」JACAR: A01100104400、公文録・明治八年・第三十六巻・明治八年二月・陸軍省伺（二）（国立公文書館）
「海軍省よりヘンリーマルチニー弾薬先つ25万余可譲渡旨回答」JACAR: C04026920300、「大日記 院省来書 3月月 陸軍省第1局」（防衛省防衛研究所）
「海軍省よりスナイトル弾薬渡の義廻答」JACAR: C04026929000、「大日記 諸省の部 4月月 陸軍省第1局」（防衛省防衛研究所）
「大阪府より銃砲献納に付伺」JACAR: C04027046700、「大日記 使府県 3月火 陸軍省第1局」（防衛省防衛研究所）
「新潟県より献納銃砲処分方伺」JACAR:.C04027046900、「大日記 使府県 3月火 陸軍省第1局」（防衛省防衛研究所）
「東京府より銃砲弾薬献納伺」JACAR:.C04027048700、「大日記 使府県 3月火 陸軍省第1局」（防衛省防

衛研究所）
「神奈川より同県8等属銃器等献納に付伺」JACAR: C04027051600、「大日記 使府県 4月火 陸軍省第1局」（防衛省防衛研究所）
「3より小銃弾薬支廠へ備付伺」JACAR: C04027178300、「大日記 省内各局参謀近衛病院 教師軍馬局 2月水 陸軍省第1局」（防衛省防衛研究所）
「3よりスナイトル銃支廠へ送付伺」JACAR: C04027179400、「大日記 省内各局参謀近衛病院 教師軍馬局 2月水 陸軍省第1局」（防衛省防衛研究所）
「3よりスナイドル銃8百挺支廠へ送付伺」JACAR: C04027197600、「大日記 省内各局参謀近衛病院 教師軍馬局 3月水 陸軍省第1局」（防衛省防衛研究所）
「3より長スペンセル銃支へ送付」JACAR: C04027202400、「大日記 省内各局参謀近衛病院 教師軍馬局 3月水 陸軍省第1局」（防衛省防衛研究所）
「3より銅及真鍮延鈑御買上伺」JACAR: C04027200500、「大日記 省内各局参謀近衛病院 教師軍馬局 3月水 陸軍省第1局」（防衛省防衛研究所）
「3よりツンナール銃支廠へ送付伺」JACAR: C04027203300、「大日記 省内各局参謀近衛病院 教師軍馬局 3月水 陸軍省第1局」（防衛省防衛研究所）
「3より拳銃並弾薬御買上伺」JACAR: C04027203400、「大日記省内各局参謀近衛病院教師軍馬局3月水陸軍省第1局」（防衛省防衛研究所）
「3局よりエンヒール及カルツ銃弾薬製造伺」JACAR: C04027214800、「大日記 省内各局参謀近衛病院 教師軍馬局 4月水 陸軍省第1局」（防衛省防衛研究所）
「3局よりマルチニー銃用弾薬砲兵支廠より送付の伺」JACAR: C04027213700、「大日記 省内各局参謀近衛病院 教師軍馬局 4月水 陸軍省第1局」（防衛省防衛研究所）
「本へ東鎮第1後備軍はスナイトル銃に引換可相渡旨達」JACAR: C04027364500、「大日記砲兵工兵の部 2月木 陸軍省第1局」（防衛省防衛研究所）
「本へ弾薬2百万発製作費相濟達」JACAR: C04027400500、「大日記 砲工兵方面の部 4月木 陸軍省第1局」（防衛省防衛研究所）
「支へ銃器弾薬受取へし」JACAR: C04027403400、「大日記 砲工兵方面の部 4月木 陸軍省第1局」（防衛省防衛研究所）
「本へマンソー銃外商より買入方の達」JACAR: C04027405200、「大日記 砲工兵方面の部 4月木 陸軍省第1局」（防衛省防衛研究所）
「丙第375号 7月23日 スナイトル銃買入条約の件 井田少将」JACAR: C09081054800、受領書綴

3　丙号　明治10年7月9日〜10年10月30日（防衛省防衛研究所）

「戊第47号　6月7日　スペンセル弾薬買上の件　支廠」JACAR: C09081189700、伺書綴　指令済之1　明治10年5月4日〜10年6月30日（防衛省防衛研究所）

「陸軍中将西郷従道宛　陸軍大佐福原実　陸軍大佐原田一道　スナイドル銃弁薬筒買入に付意見上申」JACAR: C09081266900、見込書綴　明治10年5月4日〜10年10月30日（防衛省防衛研究所）

「6月11日丙第80号　スペンセル弾薬買入完約の件　砲兵支廠」JACAR: C09081261000、届書綴　明治10年5月3日〜10年10月29日（防衛省防衛研究所）

「陸軍中将西郷従道宛　陸軍中佐関迪教　スペンセル銃引替之義意見申進」JACAR: C09081270500、見込書綴　明治10年5月4日〜10年10月30日（防衛省防衛研究所）

「警視局より弾薬10万発譲受度照会」JACAR: C04026913500、「大日記　諸省来翰　1月　陸軍省第1局」（防衛省防衛研究所）

「警視局より非常用エンヒール弾薬御仕分の内30万発御渡」JACAR: C04026924800、「大日記　諸省の部　4月月　陸軍省第1局」（防衛省防衛研究所）

「3より予備弾薬分配分表伺」JACAR: C04027191500、「大日記　省内各局参謀近衛病院　教師軍馬局　3月水　陸軍省第1局」（防衛省防衛研究所）

「3よりスナイトル弾薬請取高不足の義伺」JACAR: C04027308500、「大日記　省内各局参謀近衛病院　教師軍馬局　10月水　陸軍省第1局」（防衛省防衛研究所）

「戊第80号　6月12日　非常費下渡の件　支廠」JACAR: C09081191500、伺書綴　指令済之1　明治10年5月4日〜10年6月30日（防衛省防衛研究所）

「非常費宛金別途下渡ノ義」JACAR: A07060681700、記録材料・議案簿二（国立公文書館）

「非常費の義に付伺」JACAR: C04027227700、「大日記　省内各局参謀近衛病院　教師軍馬局　4月水　陸軍省第1局」（防衛省防衛研究所）

「非常費の義に付申進」JACAR: C04027226500、「大日記　省内各局参謀近衛病院　教師軍馬局　4月水　陸軍省第1局」（防衛省防衛研究所）

「非常備の義に付伺」JACAR: C04027209600、「大日記　省内各局参謀近衛病院　教師軍馬局　3月水　陸軍省第1局」（防衛省防衛研究所）

「第2〜5局　6月18日　東京招魂社の儀靖国神社と改称別格官幣社と列せらる」JACAR: C10072229700、明治12年　本省諸達（防衛省防衛研究所）

「往出914　靖国神社大祭執行の義陸軍省回答」

JACAR: C09101919400、公文原書　巻47　本省公文　明治12年6月11日～明治12年6月13日（防衛省防衛研究所）

「丙第49　靖国神社臨時祭典所轄庁達」JACAR: C09101934400、公文原書　巻49　本省公文　明治12年6月18日～明治12年6月21日（防衛省防衛研究所）

「往出1685　靖国神社に係る事件取計の件軍務局達」JACAR: C09102252100、公文原書　巻87　本省公文　明治12年11月1日～明治12年11月5日（防衛省防衛研究所）

「11月9日　鹿児島征討の際戦死の者本月14日招魂祭被為行に付各府県へ達　陸軍卿代理」JACAR: C09085989300、本団達留　明治10年7月3日～10年12月12日（防衛省防衛研究所）

「5月3日　内務大臣子爵野村靖発　陸軍大臣代理海軍大臣伯爵西郷従道宛　朝鮮国派遣警視庁警察官の義」JACAR: C06060246300、明治28年「日清事件綴込　2分冊の1」（防衛省防衛研究所）

「明治27年12・26　臨着1310号　陸軍大臣西郷従道発　参謀総長熾仁親王宛　大蔵大臣照会占領地出張の警部巡査へ送金方の件に付照会」JACAR: C06061274000、明治27年10月28日明治28年1月24日「臨着書類綴　庶」（防衛省防衛研究所）

「11月6日　参謀総長熾仁親王発　陸軍大臣伯爵西郷従道宛　第1軍占領地に於而民政施行の必要有之更に　憲兵大尉1名中尉1名下士卒34名至急派遣相成度」JACAR: C06061213300、明治27年自9月30日至11月13日「臨発書類綴　庶」（防衛省防衛研究所）

「参謀本部より第1軍へ憲兵派遣の件」JACAR: C05121551700、明治27年12月　戦役日記（防衛省防衛研究所）

「憲兵司令部より民政庁へ憲兵隊長を附せられ度件」JACAR: C06021923900、明治28年2月「27～8年戦役日記」（防衛省防衛研究所）

「1月24日　憲兵司令官春田景義　発陸軍次官児玉源太郎宛　戦時補助憲兵被引渡候に付受領」JACAR: C06060289800、明治28年「27～8年戦役報告　甲」（防衛省防衛研究所）

「2月6日　陸軍大臣伯爵西郷従道発　参謀総長彰仁親王宛　占領地民政庁へ憲兵隊長を付けられ度義に付協議」JACAR: C06061402100、明治28自年1月2日至明治29年4月9日「臨着書類綴　庶」（防衛省防衛研究所）

「3月6日　憲兵司令官春田景義発　陸軍次官児玉源太郎宛　戦時補助憲兵受領報告」JACAR: C06060294900、明治28年「27～8年戦役報告　甲」（防衛省防衛研究所）

「11月7日　参謀総長熾仁親王発　陸軍大臣伯爵西郷従

道宛 戦地より患者還送の節船中風紀取締の為め憲兵を配属せしむる事」JACAR: C06061213800、明治27年自9月30日至11月13日「臨発書類綴 庶」（防衛省防衛研究所）

「靖国神社へ戦死者合祀ニ付招魂式並臨時大祭ヲ施行ス」JACAR: A15113042400、公文類聚・第十九編・明治二十八年・第二十九巻・社寺・教規・神社・寺院・雑載、賞恤・褒賞・恩給・賑恤（国立公文書館）

「靖国神社へ合祀スヘキ人名」JACAR: A15113042500、公文類聚・第十九編・明治二十八年・第二十九巻・社寺・教規・神社・寺院・雑載、賞恤・褒賞・恩給・賑恤（国立公文書館）

「靖国神社臨時大祭ニ付陸海軍各軍隊諸生徒及諸官員へ休暇ヲ賜フ」JACAR: A15112967400、公文類聚・第十九編・明治二十八年・第十巻・官職五・官制五・旅費・任免（外務省～逓信省）服務懲戒・雑載（国立公文書館）

「靖国神社臨時大祭1件（3）」JACAR: C06091026600、明治28年 公文備考 官職儀制検閲巻1（防衛省防衛研究所）

「殉職者靖国神社合祀及神名帳改正」JACAR: C06091026300、明治28年 公文備考 官職儀制検閲巻1（防衛省防衛研究所）

「2月23日 陸軍大臣伯爵西郷従道発 参謀総長彰仁親王宛 12月10日以降出征軍へ酒恩召を以て下賜の件移牒」JACAR: C06061413000、明治28自年1月22日至明治29年4月9日「臨着書類綴 庶」（防衛省防衛研究所）

「3月4日 陸軍大臣伯爵西郷従道発 参謀総長彰仁親王宛 混成枝隊司令部付将校立食下賜の件移牒」JACAR: C06061420500、明治28自年1月22日至明治29年4月9日「臨着書類綴 庶」（防衛省防衛研究所）

「27年8月29日 海軍司令部長樺山資紀外3名へ御陪食被仰付の件」JACAR: C10125451800、明治27年 公文雑輯 巻1 官職 儀制 教育（防衛省防衛研究所）

「27年8月29日 角田大佐伊集院少佐へ御陪食被仰付の件」JACAR: C10125451700、明治27年 公文雑輯 巻1 官職 儀制 教育（防衛省防衛研究所）

「3、行幸啓（1）」JACAR: C11080094000、公文書類 第1巻 明治27、8年（防衛省防衛研究所）

「4、参賀、拝謁 付立食、酒肴料及金品下賜（2）」JACAR: C11080094300、公文書類 第1巻 明治27、8年（防衛省防衛研究所）

「宗教に関する集会結社其の他取締上に付訓令并通牒（発議）」JACAR: A05032406500、内務大臣決裁書類・明治33年（国立公文書館）

「モルモン宗教師の行動注意方（通牒）」JACAR: A05032413500、内務大臣決裁書類・明治34年（国立公文書館）
「「モルモン」宗（宗教局）」JACAR: A05032424400、内務大臣決裁書類・明治36年（国立公文書館）

その他資料

「帝国議会会議録検索システム」（https://teikokugikai-i.ndl.go.jp/#/、二〇二三年八月一一日アクセス）

新聞

『大阪毎日新聞』『国民新聞』『国会』『時事新報』『東京朝日新聞』『東京日日新聞』『東京横浜毎日新聞』『中央新聞』『朝野新聞』『日本』『報知新聞』『郵便報知新聞』『横浜毎日新聞』『毎日新聞』『読売新聞』『萬朝報』

雑誌

『自由党党報』『国民之友』『太陽』『東京経済雑誌』

図書

池田忠五郎編『新内閣大臣列伝』（金玉堂、一八八六年）
石黒忠悳『懐旧九十年』（博文館、一九三六年）
伊藤博文関係文書研究会編『伊藤博文関係文書』五（塙書房、一九七七年）
伊藤之雄『維新の政治と明治天皇―岩倉・大久保・木戸の「公論」主義 一八六二～一八七一』（名古屋大学出版会、二〇二三年）
伊藤之雄『大隈重信（上）―「巨人」が夢見たもの』（中公新書、二〇一九年）
伊藤之雄『大隈重信（下）―「巨人」が築いたもの』（中公新書、二〇一九年）
伊藤之雄『元老―近代日本の真の指導者たち』（中公新書、二〇一六年）
伊藤之雄『立憲国家と日露戦争―外交と内政 一八九八～一九〇五』（木鐸社、二〇〇〇年）
伊藤之雄『山県有朋―愚直な権力者の生涯』（文春新書、二〇二〇年）
大江洋代『明治期日本の陸軍―官僚制と国民軍の形成』（東京大学出版会、二〇一八年）
大久保利和等編『大久保利通文書』第四（日本史籍協会、一九二八年）
大久保利和等編『大久保利通文書』第五（日本史籍協会、一九二八年）
大久保利和等編『大久保利通文書』第六（日本史籍協会、一九二八年）
大久保利和等編『大久保利通文書』第八（日本史籍協

会、一九二九年）
大谷正『日清戦争―近代日本初の対外戦争の実像』（中公新書、二〇一四年）
大塚武松・藤井甚太郎編『岩倉具視関係文書』第七（日本史籍協会、一九三四年）
大山元帥伝編纂委員編『元帥公爵大山巌』本編（大山元帥伝刊行所、一九三五年）
小川原正道『西南戦争―西郷隆盛と日本最後の内戦』（中公新書、二〇〇七年）
小川原正道『西南戦争と自由民権』（慶應義塾大学出版会、二〇一七年）
小川原正道編『日本近現代政治史―幕末から占領期まで』（ミネルヴァ書房、二〇二三年）
尾崎行雄『咢堂回顧録』上巻（雄鶏社、一九五一年）
尾佐竹猛『湖南事件―露国皇太子大津遭難』（岩波新書、一九五一年）
小田部雄次『華族家の女性たち』（小学館、二〇〇七年）
海軍参謀本部編纂課『清仏海戦紀略』（海軍参謀本部、一八八八年）
海軍省大臣官房編『山本権兵衛と海軍』（原書房、一九六六年）
外務省編『小村外交史』（原書房、一九六六年）
外務省編『日本外交文書』明治期・第三五巻（日本国際連合協会、一九五七年）
勝田孫弥『西郷隆盛伝』全五巻（西郷隆盛伝発行所、一八九四～一八九五年）
勝田孫弥『甲東逸話』（富山房、一九二八年）
加藤房蔵編『伯爵平田東助伝』（平田伯伝記編纂事務所、一九二七年）
木戸公伝記編纂所編『木戸孝允文書』第七（日本史籍協会、一九三一年）
木戸公伝記編纂所編『松菊木戸公伝』下（明治書院、一九二七年）
木戸孝允関係文書研究会編『木戸孝允関係文書』第四巻（東京大学出版会、二〇〇九年）
宮内庁編『明治天皇紀』第二（吉川弘文館、一九六九年）
宮内庁編『明治天皇紀』第四（吉川弘文館、一九七〇年）
宮内庁編『明治天皇紀』第七（吉川弘文館、一九七二年）
宮内庁編『明治天皇紀』第八（吉川弘文館、一九七三年）
久保田哲『明治十四年の政変』（集英社インターナショナル、二〇二一年）
慶應義塾編『福沢諭吉書簡集』第五巻（岩波書店、二〇〇一年）

警視庁史編さん委員会編『警視庁史』第一巻・明治編（警視庁史編さん委員会、一九五九年）
克堂佐々先生遺稿刊行会編『克堂佐々先生遺稿』（改造社、一九三六年）
黒龍会編『西南記伝』上巻一（黒龍会本部、一九〇八年）
児島惟謙述／花井卓蔵校『大津事件顚末録』（春秋社、一九三一年）
兒玉州平・手嶋泰伸編『日本海軍と近代社会』（吉川弘文館、二〇二三年）
故伯爵山本海軍大将伝記編纂会編『伯爵山本権兵衛伝』上・下（山本清、一九三八年）
小林道彦『山県有朋―明治国家と権力』（中公新書、二〇二三年）
西郷従宏『元帥西郷従道伝』（芙蓉書房出版、一九九七年）
西郷隆盛全集編集委員会編『西郷隆盛全集』第三巻（大和書房、一九七八年）
西郷都督樺山総督記念事業出版委員会編『西郷都督と樺山総督』（西郷都督樺山総督記念事業出版委員会、一九三六年）
斎藤子爵記念会編『子爵斎藤実伝』第一巻（斎藤子爵記念会、一九四一年）
斎藤子爵記念会編『子爵斎藤実伝』第四巻（斎藤子爵記念会、一九四二年）
斎藤実伝刊行会編『斎藤実伝』（斎藤実伝刊行会、一九三三年）
佐々木克『幕末政治と薩摩藩』（吉川弘文館、二〇〇四年）
佐々木隆『藩閥政府と立憲政治』（吉川弘文館、一九九二年）
佐々木隆『明治人の力量』（講談社学術文庫、二〇二二年）
佐々木雄一『リーダーたちの日清戦争』（吉川弘文館、二〇二二年）
参謀本部陸軍部編纂課編『征西戦記稿』第二四巻（陸軍文庫、一八八七年）
尚友倶楽部品川弥二郎関係文書編纂委員会編『品川弥二郎関係文書』一（尚友倶楽部、一九九三年）
尚友倶楽部品川弥二郎関係文書編纂委員会編『品川弥二郎関係文書』四（山川出版社、一九九七年）
尚友倶楽部・長井純市編『渡辺千秋関係文書』（尚友倶楽部、一九九四年）
大霞会編『内務省史』第三巻（原書房、一九七一年）
大霞会編『内務省史』第四巻（原書房、一九八〇年）
大西郷全集刊行会編『大西郷全集』第二巻（大西郷全集刊行会、一九二七年）
多田好問編『岩倉公実記』下巻（原書房、一九六八

年）
千葉功編『桂太郎関係文書』（東京大学出版会、二〇一〇年）
千葉功編『桂太郎発書翰集』（東京大学出版会、二〇一一年）
妻木忠太編『木戸孝允日記』第一（日本史籍協会、一九三二年）
妻木忠太編『木戸孝允日記』第三（日本史籍協会、一九三三年）
徳富猪一郎『公爵松方正義伝』乾巻・坤巻（公爵松方正義伝記発行所、一九三五年）
徳富猪一郎編『公爵山県有朋伝』上・中・下巻（山県有朋公記念事業会、一九三三年）
外山三郎『日本海軍史』（吉川弘文館、二〇一三年）
日本学士院八十年史編纂委員会編『日本学士院八十年史』第一（日本学士院、一九六二年）
日本学士院八十年史編纂委員会編『日本学士院八十年史』第二（日本学士院、一九六一年）
日本史籍協会編『大久保利通日記』下巻（日本史籍協会、一九二七年）
萩原延壽『西南戦争 遠い崖—アーネスト・サトウ日記抄』第一三巻（朝日文庫、二〇〇八年）
原口虎雄『幕末の薩摩—悲劇の改革者、調所笑左衛門』（中公新書、一九六六年）
坂野潤治『明治憲法体制の確立—富国強兵と民力休養』（東京大学出版会、一九七一年）
前田亮介『全国政治の始動—帝国議会開設後の明治国家』（東京大学出版会、二〇一六年）
松方峰雄他編『松方正義関係文書』第八巻（大東文化大学東洋研究所、一九八七年）
松下芳男『徴兵令制定史』（内外書房、一九四三年）
御厨貴『明治国家形成と地方経営—一八八一〜一八九〇年』（東京大学出版会、一九八〇年）
村瀬信一『明治立憲制と内閣』（吉川弘文館、二〇一一年）
村田峯次郎『品川子爵伝』（大日本図書、一九一〇年）
毛利敏彦『台湾出兵—大日本帝国の開幕劇』（中公新書、一九九六年）
安田直『西郷従道』（国光書房、一九〇二年）
山口輝臣・福家崇洋編『思想史講義【明治篇Ⅰ】』（ちくま新書、二〇二二年）
横山健堂『大西郷兄弟』（宮越太陽堂、一九四四年）
陸軍省編『明治軍事史—明治天皇御伝記史料』上・下（原書房、一九六六年）
立教大学文学部史学科日本史研究室編『大久保利通関係文書』第三巻（吉川弘文館、一九六八年）
早稲田大学大学史資料センター編『大隈重信関係文書』第五巻（みすず書房、二〇〇九年）

渡辺幾治郎編『大隈重信関係文書』第二（日本史籍協会、一九三三年）

論文・雑誌記事

朝比奈知泉「西郷従道侯」（朝比奈知泉編『明治功臣録』黄の巻、明治功臣録刊行会、一九一八年）
家近良樹「「台湾出兵」方針の転換と長州派の反対運動」（『史学雑誌』第九二巻第一一号、一九八三年一一月）
池田憲隆「日清戦争前期における海軍軍備拡張計画と海軍省費―一八九〇―一八九三年」（『人文社会論叢　社会科学篇』第二四号、二〇一〇年八月）
板垣退助「余が社会改良家となりし二大動機」（『中央公論』第一七年第五号、一九〇二年五月）
伊藤陽平「自-国連合路線の展開と政友会の成立―国民協会の動向を中心に」（『日本歴史』第八三五号、二〇一七年一二月）
伊東義五郎「西郷従道侯」（『太陽』第一八巻九号、一九一二年六月）
岡野増次郎「牧野老伯西郷従道侯を語る」（『日本及日本人』第四二〇号、一九四三年五月）
小川原正道「維新期政治運動と社会改良運動―板垣退助を中心に」（瀧井一博編著『「明治」という遺産―近代日本をめぐる比較文明史』ミネルヴァ書房、二〇二〇年）
落合弘樹「近代陸軍の形成と西南戦争―山県有朋と将官たち」（伊藤之雄編著『維新の政治変革と思想―一八六二～一八九五』ミネルヴァ書房、二〇二二年）
小股憲明「尾崎行雄文相の共和演説事件―明治期不敬事件の一事例として」（『人文学報』第七三号、一九九四年一月）
金澤裕之「海軍草創期のリーダーたち―木村喜毅、榎本武揚、川村純義」（伊藤之雄編著『維新の政治変革と思想―一八六二～一八九五』ミネルヴァ書房、二〇二二年）
菊池重郎「西郷従道の西洋体験（上）（下）」（『明治村通信』第一二二・一二三号、一九八〇年八・九月）
小谷秀二郎「政軍関係より見たる明治七年の台湾征討と西郷従道（一）（二）」（『産大法学』第九巻第一号・第四号、一九七五年六月・一九七六年三月）
後藤新「征韓論争と台湾出兵―明治六年の政変から出兵の決定に至る経緯について」（『法学研究』第九七巻第一号、二〇二四年一月）
後藤新「台湾出兵の終幕―大久保利通と西郷従道の帰国を中心として」（『武蔵野法学』第七号、二〇一七年一〇月）
後藤新「明治七年台湾出兵の一考察―台湾蕃地事務局

を中心として」（『法学政治学論究』第六〇号、二〇〇四年春季）
米谷尚子「現行条約励行をめぐる国民協会の実業派と国権派―初期議会の対外硬派に関する一考察」（『史学雑誌』第八六巻第七号、一九七七年七月）
西郷従吾「「西郷従道邸」のわが思い出」（『明治村通信』第九三号、一九七八年三月）
西郷従道「祝辞」（『国家教育』第一号、一八九〇年一〇月）
坂本久子「フィラデルフィア万国博覧会と日本人関係者」（『日本デザイン学会研究発表大会概要集』第五七巻、二〇一〇年）
曽我祐準「西郷従道侯」（『キング』第三巻第二号、一九二七年二月）
谷口眞子「西周の軍事思想―服従と忠誠をめぐって」（『Waseda RILAS journal』第五号、二〇一七年一〇月）
塚目孝紀「初期内閣制度の運用と改正―黒田清隆内閣の政権運営過程」（『国家学会雑誌』第一三五巻第七・八号、二〇二二年八月）
塚目孝紀「大宰相主義の政治指導―第一次伊藤博文内閣における陸軍紛議を中心に」（『史学雑誌』第一三〇巻第八号、二〇二一年八月）
徳富蘇峰「西郷従道侯」（徳富蘇峰『蘇峰文選』民友社、一九一五年）
鳥谷部銑太郎「侯爵西郷従道君」（『太陽』第五巻第一三号、一八九九年六月）
奈良岡聰智「「別荘」からみた近代日本政治　第二回　西郷従道」（『公研』第四八巻第五号、二〇一〇年五月）
牧野伸顕「大西郷と従道侯―松濤閑談（三）」（『文藝春秋』第一七巻第一七号、一九三九年九月）
松下芳男「西郷従道―不得要領の薩派領袖」（『人物往来』第一四巻第一一号、一九六五年一一月）
水野錬太郎「歴代内相の面影」（水野錬太郎『水野博士古稀記念論策と随筆』水野錬太郎先生古稀祝賀会事務所、一九三七年）
村瀬信一「選挙法改正問題と伊藤新党」（『史学雑誌』第一〇八巻第一一号、一九九九年一一月）
村瀬信一「帝国党ノート」（『日本歴史』第五一八号、一九九一年七月）
村瀬信一「明治二五年初頭の政府党計画をめぐる若干の問題」（『日本歴史』第六〇〇号、一九九八年五月）
村瀬信一「明治二六年三月の西郷従道入閣問題」（『日本歴史』第四六四号、一九八七年一月）
元田肇「明治元勲印象録」（『政界往来』第九巻第一号、一九三八年一月）

主要図版出典一覧

国立国会図書館　iv、五八、七三、一三三右上、右下、左上、左中、一四一、二一六頁

西郷従道　略年譜

西暦（年号）	年齢	事歴	主な出来事
一八四三　天保一四	0	五月四日、西郷吉兵衛・まさの三男として鹿児島に生まれる	
一八五二　嘉永五	9	父・吉兵衛死去、母・まさ死去	
一八六二　文久二	19	寺田屋事件で謹慎	生麦事件勃発
一八六三　三	20	薩英戦争に参加	
一八六八　慶応四	25	戊辰戦争に参加して重傷を負う	政体書公布
一八六九　明治二	26	フランスで軍事視察（一八七〇年まで）	職員令制定
一八七〇　三	27	兵部権大丞に就任、得能清子と結婚	
一八七一　四	28	兵部大丞となる。陸軍少将となって兵部少輔に昇任	岩倉使節団出発
一八七二　五	29	陸軍少輔、近衛副都督に就任	
一八七三　六	30	陸軍大輔に就任。征韓論政変で兄・隆盛と離別	徴兵令発布
一八七四　七	31	陸軍中将となる。台湾蕃地事務都督として台湾出兵を強行。長男・従理誕生	民選議院設立建白書提出
一八七六　九	33	フィラデルフィア万国博覧会事務副総裁として渡米	廃刀令公布

西郷従道 略年譜

			目黒に別邸を購入	神風連、秋月、萩の乱勃発
一八七七	一〇	34	西南戦争勃発。陸軍卿代理として兵站などを担う。西郷隆盛死去。近衛都督就任	
一八七八	一一	35	駐イタリア公使任命も赴任せず。参議兼文部卿に就任。参謀局拡張を建議。次男・従徳誕生	大久保利通暗殺、竹橋事件勃発
一八七九	一二	36	東京学士会院を設立。靖国神社臨時祭典開催、西南戦争戦死者合祀。統帥権独立を建議	
一八八一	一四	38	参議兼農商務卿に就任。那須野が原の開拓に取り組みはじめる	明治一四年の政変
一八八二	一五	39	北海道開拓を建議	
一八八四	一七	41	伯爵に叙せられる。陸軍卿代理に就任	甲申事変が発生
一八八五	一八	42	日本郵船会社設立。第一次伊藤内閣で海軍大臣就任（一八九〇年まで）	内閣制度発足
一八八六	一九	43	農商務大臣を兼任。欧米の海軍視察（一八八七年まで）	
一八八八	二一	45	第二期軍備拡張案を提案	
一八八九	二二	46	西郷隆盛に正三位が贈位され、名誉回復	大日本帝国憲法発布
一八九〇	二三	47	第一次山県内閣で内務大臣に就任（一八九一年まで）	帝国議会開設
一八九一	二四	48	山県有朋首相の後任候補となるも辞退	大津事件が起きる
一八九二	二五	49	枢密顧問官に親任。国民協会設立、会頭に就任	選挙干渉が政治問題化
一八九三	二六	50	国民協会会頭辞任。第二次伊藤内閣の海軍大臣に就任（一八九八年まで）	
一八九四	二七	51	日清戦争勃発。海軍大将となる。臨時陸軍大臣を兼任	日英通商航海条約締結
一八九五	二八	52	侯爵に陞爵。靖国神社臨時大祭で日清戦争戦死者を合祀	下関条約締結
一八九六	二九	53	伊藤博文首相の後任候補となるが辞退	

一八九八	三一	55	元帥となる。第一次大隈内閣崩壊後、首相擁立計画あるも辞退第二次山県内閣で内務大臣に就任（一九〇〇年まで）。上野の西郷隆盛像除幕式に参加	
一九〇〇	三三	57	中央風俗改良会会長に就任	
一九〇二	三五	59	西郷寅太郎、侯爵授爵。七月一八日、胃癌で死去。青山霊園で葬儀	日英同盟協約調印

小川原正道（おがわら・まさみち）

1976（昭和51）年長野県生まれ．99年慶應義塾大学法学部政治学科卒業．2003年同大学大学院法学研究科政治学専攻博士課程修了，博士（法学）．08年より慶應義塾大学法学部准教授，13年より慶應義塾大学法学部教授．専攻・日本政治思想史．

著書『大教院の研究』（慶應義塾大学出版会，2004年）
『評伝　岡部長職』（慶應義塾大学出版会，2006年）
『西南戦争』（中公新書，2007年）
『近代日本の戦争と宗教』（講談社選書メチエ，2010年）
『福澤諭吉の政治思想』（慶應義塾大学出版会，2012年）
『明治日本はアメリカから何を学んだのか』（文春新書，2021年）
『日本政教関係史』（筑摩選書，2023年）
『福沢諭吉　変貌する肖像』（ちくま新書，2023年）
他多数．

編著『日本近現代政治史』（ミネルヴァ書房，2023年）
共著多数．

西郷従道《さいごうじゅうどう》
――維新革命《いしんかくめい》を追求《ついきゅう》した最強《さいきょう》の「弟《おとうと》」
中公新書 *2816*

2024年 8 月25日発行

著　者　小川原正道
発行者　安 部 順 一

本文印刷　三 晃 印 刷
カバー印刷　大熊整美堂
製　　本　小 泉 製 本

発行所　中央公論新社
〒100-8152
東京都千代田区大手町 1-7-1
電話　販売 03-5299-1730
　　　編集 03-5299-1830
URL https://www.chuko.co.jp/

Published by CHUOKORON-SHINSHA, INC.
Printed in Japan　ISBN978-4-12-102816-7 C1221

中公新書刊行のことば

いまからちょうど五世紀まえ、グーテンベルクが近代印刷術を発明したとき、書物の大量生産は潜在的可能性を獲得し、いまからちょうど一世紀まえ、世界のおもな文明国で義務教育制度が採用されたとき、書物の大量需要の潜在性が形成された。この二つの潜在性がはげしく現実化したのが現代である。

いまや、書物によって視野を拡大し、変りゆく世界に豊かに対応しようとする強い要求を私たちは抑えることができない。この要求にこたえる義務を、今日の書物は背負っている。だが、その義務は、たんに専門的知識の通俗化をはかることによって果たされるものでもなく、通俗的好奇心にうったえて、いたずらに発行部数の巨大さを誇ることによって果たされるものでもない。現代を真摯に生きようとする読者に、真に知るに価いする知識だけを選びだして提供すること、これが中公新書の最大の目標である。

私たちは、知識として錯覚しているものによってしばしば動かされ、裏切られる。私たちは、作為によってあたえられた知識のうえに生きることがあまりに多く、ゆるぎない事実を通して思索することがあまりにすくない。中公新書が、その一貫した特色として自らに課すものは、この事実のみの持つ無条件の説得力を発揮させることである。現代にあらたな意味を投げかけるべく待機している過去の歴史的事実もまた、中公新書によって数多く発掘されるであろう。

中公新書は、現代を自らの眼で見つめようとする、逞しい知的な読者の活力となることを欲している。

一九六二年一一月

中公新書

日本史

d3

- 2675 江戸―平安時代から家康の建設へ　齋藤慎一
- 476 江戸時代　大石慎三郎
- 2552 藩とは何か　藤田達生
- 2565 大御所 徳川家康　三鬼清一郎
- 2723 徳川家康の決断　本多隆成
- 1227 保科正之《ほしなまさゆき》　中村彰彦
- 740 元禄御畳奉行の日記　神坂次郎
- 2792 三井《みつい》大坂両替店《おおさかりょうがえだな》　萬代悠
- 853 遊女の文化史　佐伯順子
- 2376 江戸の災害史　倉地克直
- 2730 大塩平八郎の乱　藪田貫
- 2584 椿井文書―日本最大級の偽文書　馬部隆弘
- 2047 オランダ風説書　松方冬子
- 1754 幕末歴史散歩 東京篇　一坂太郎
- 2617 暗殺の幕末維新史　一坂太郎
- 1773 新選組　大石学
- 2739 天誅組の変　舟久保藍
- 2750 幕府海軍　金澤裕之
- 455 戊辰戦争　佐々木克
- 1728 会津落城　星亮一
- 2498 斗南《となみ》藩―「朝敵」会津藩士たちの苦難と再起　星亮一

現代史

中公新書

現代史

f2

- 2570 佐藤栄作 村井良太
- 2186 田中角栄 早野　透
- 1976 大平正芳 福永文夫
- 2351 中曽根康弘 服部龍二
- 2726 田中耕太郎―闘う司法の確立者、世界法の探究者 牧原　出
- 2512 高坂正堯―戦後日本と現実主義 服部龍二
- 2710 日本インテリジェンス史 小谷　賢
- 1574 海の友情 阿川尚之
- 1875 「国語」の近代史 安田敏朗
- 2075 歌う国民 渡辺　裕
- 2332 「歴史認識」とは何か 大沼保昭 江川紹子
- 2624 「徴用工」問題とは何か 波多野澄雄
- 2359 竹島―もうひとつの日韓関係史 池内　敏
- 1820 丸山眞男の時代 竹内　洋
- 2714 国鉄―「日本最大の企業」の栄光と崩壊 石井幸孝
- 2237 四大公害病 政野淳子
- 1821 安田講堂 1968-1969 島　泰三
- 2110 日中国交正常化 服部龍二
- 2150 近現代日本史と歴史学 成田龍一
- 2196 大原孫三郎―善意と戦略の経営者 兼田麗子
- 2317 歴史と私 伊藤　隆
- 2627 戦後民主主義 山本昭宏
- 2342 沖縄現代史 櫻澤　誠
- 2789 在日米軍基地 川名晋史
- 2543 日米地位協定 山本章子
- 2720 司馬遼太郎の時代 福間良明
- 2810 日本鉄道廃線史 小牟田哲彦
- 2649 東京復興ならず 吉見俊哉
- 2733 日本の歴史問題（改題新版） 波多野澄雄